PATRIA y MEMORIA

الوطن والذاكرة

Memoria
Saharaui

Sidi Brahim Salama Eydud

PATRIA y MEMORIA

سدي ابراهيم سلام اجدود

الوطن والذاكرة

الشعر الملتزم الصحراوي

Edición crítica de
Juan Ignacio Robles Picón
Alí Salem Iselmu (Pirri)
Juan Carlos Gimeno Martín
Mohamed Salem Abdelfatah
Mohamed Alí Leman

Primera edición, mayo de 2025

© Sidi Brahim, 2025

© Fotografía de portada: Archivo Ministerio Cultura Saharaui

© Última línea, S.L., 2025
Juan Cortés Cortés, 3
29010 Málaga
www.ultimalinea.es
editorial@ultimalinea.es

 www.facebook.com/EditorialUltimaLinea

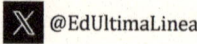 @EdUltimaLinea

Este libro es producto de un proyecto de investigación I+D con el título: CONSOLIDACIÓN Y DECLIVE DEL ORDEN COLONIAL ESPAÑOL EN EL SAHARA (IFNI-TARFAYA-SAHARA: 1959- 1976), HAR 2012-36414

ISBN:978-84-18492-47-1
Depósito Legal: MA 264-2025
THEMA: 1HBW, JHMC

Impreso en España – Unión Europea

La edición de este libro es el producto de un trabajo de colaboración desarrollado mediante una ecología de saberes entre las siguientes instituciones del mundo académico y de las organizaciones solidarias y activistas:

ÍNDICE

PRIMERA PARTE

Poesía de gesta[1]

Revolución del Veinte[2]

En el aniversario treinta y cuatro[3].
nuestra revolución mostró su fuerza;
al principio, en sus manos las armas no
tenía, sólo la fe, la certeza y la valentía.
Una constelación surgió
en el mes de mayo,
la noche del veinte, Luali[4] la dirigía.
Un grupo nuestro de vanguardia,
se alzó para evitar la humillación,
no tenía alimentos ni tenía agua,
sus camellos eran sus pies,
su atractiva ropa un turbante
marrón, su gandura[5], también era marrón;
un fusil remendado y una correa para unos
gastados catalejos, nada le podían reprochar.
Así, tomó el cuartel de Aljanga[6], y consagrado
por la dignidad el pueblo aceptó sus
intenciones, cuando comenzó la lucha,
nada había, menos lo que Luali decía
frente al público en su tercer aniversario.
Una revolución nació sin nada, pero,
ordeñó su rebaño en la morada
de la dignidad del pueblo, y no fue decepcionada;
unido, dijo: Bienvenida sea la revolución.
Desde su primer proyectil, su fuerza
fue creciendo, viene de sus bases y de los objetivos
trazados nunca se aparta.
Un país naciente hecho para el pueblo,
que gritó con su voz el veinte de mayo y
nunca detuvo su resistencia,

con el fusil sabe hablar, y sabe
estar a la altura de su palabra.
Con fe, valentía y decisión
las armas del enemigo ha capturado
con la ayuda del intrépido Ejército Popular,
los redujo a la nada transformando todo lo que toca.
Con el Ejército Popular sabe jaquear a su
enemigo en la «trampa de su quinta casilla»[7].
En su retaguardia son intocables sus flancos,
está protegida, no puede ser emboscada.
Como el veinte de mayo,
en el universo no se encuentra,
en los escenarios sabe hablar,
la consistencia de su razón
es altiva, habla alto y no susurra,
hasta el oído sordo lo aprecia;
los valientes del ejército y los héroes
hicieron escuchar al mundo su palabra.
Un país que ha humillado a su enemigo,
 en África tiene su hermandad,
para la paz en sus manos tiene la paloma,
y para la guerra su fuerza prepara.
Ha juntado lo más genuino y selecto,
hoy en Miyek[8] su bandera se agita,
un pueblo que la unidad guarda.
Llegaron a la par las wilayas, el campo,
la diáspora[9] y su sabia cultura reunida
para toda la presencia con el patrimonio,
donde no hay lugar sino para su cultura.
Con su Intifada[10] ha abatido al enemigo,
le ha partido la espina, sabe
golpearle y a la «autonomía»[11]
sepulta; el enemigo cosecha su derrota,

porque hasta el día de la resurrección,
allí gritará sus marcas con dolor,
el enemigo mucho ha de lamentar,
con un dolor inmenso, su vergüenza,
nuestra revolución es de avanzada,
conquistando preciados laureles
en el Consejo de Seguridad con grandeza,
con el turbante del éxito enrollado en la cabeza.
En el aniversario treinta y cuatro...
Para el veinte de mayo hay mucho apoyo
en esta fiesta que en Miyek se celebra,
treinta y cuatro años conmemorando
el segundo festejo de su Intifada,
este sólido ejército lo agradece, y el pueblo
eleva su saludo desde el solemne y bendito
Miyek, desde los montes de *Alhaulía y Alfarfarat*,
útiles lugares de Tiris, su ganado lo confirma.
Y el Ejército de liberación a lo largo y ancho
de *Umediguen*[12], con orgullo, celebra la batalla que acabó
con El Coronel *Labeidi*[13], perdura en su memoria,
grabado con hierro y fuego para la posteridad,
y reconocido por tantas otras gestas
que liberaron a Tiris, escenario
de las mejores batallas: desde Miyek, *Adekd*,
el ejemplar, y desde allí hasta los montes de Laruía[14],
su Larui Bugarn[15], *Luteid* y al oeste su *Gteitira*[16],
y también *Admar*[17],sin cadenas, y *Margaba*[18] al este
de *Algara*; *Iyeblan*[1], *Lashuaf*[19], y a ellos sumo *Bualeiba*[2]
Al noroeste, no muy lejos, los montes de
Legliya[20] *y Buhayala*[21], que no está solo, y *Dejn*,
y es hermosa la vista de *Tingafuf*.[22]

---

1   Montaña situada en Tiris, Sahara Occidental.

2   Montaña situada en Tiris, Sahara Occidental.

Juro y vuelvo a jurar que las joyas de Tiris son *Leyuad*[23],
Dugsh y todos los montes que podría nombrar desde
Miyek, que con certeza *Zug*[24] está en su extremo sur.
Tiris ha sido liberada por la larga mano
de este ejército que su inviolabilidad defiende,
él en ella es el único señor y el desfile es la confirmación.
En el aniversario treinta y cuatro...
El veinte de mayo, con la celebración de la fiesta
de la intifada de la libertad,
con valentía de ella se enorgullece,
ha trenzado con la victoria a todos,
generaciones la heredan con pacífica resistencia.
En las ciudades emprendió la lucha, y en el sur
de Marruecos dio su comienzo incrementando
la efervescencia, enarbolando las banderas
del Frente en el mismo *Mhamid Alguezlan*,
y desde *Gleimim* hasta *Assa*, en *Zak*,
Lemseyed, así como *Tan Tan y Tarfaya*[25].
En El Aaiún, la lucha se alarga, en Smara
se ensancha, en Bojador el enemigo tiembla,
y en Rio de Oro se enciende guiada por héroes
y heroínas en un mar de banderas, protestas,
las multitudes el enemigo no ha podido parar,
llegó hasta las academias la ocupación,
en sus universidades se propagó,
no se detendrá hasta conquistar la libertad,
eso no lo oculta, todo lo demás no será posible, su palabra
constantemente renueva.
No a la autonomía marroquí ha dicho,
y en nombre de los hijos del Sáhara lo reafirma,
cuenta con el apoyo incondicional, con los hechos,
a su país no traiciona,
la Intifada con la sangre

derramada entre sus cejas,
lo ha escrito al este, al oeste, al norte
y al sur, pruebas concluyentes que la sostienen.
En el aniversario treinta y cuatro...
Todas las victorias que el pueblo
ha conquistado han sido gracias al Veinte
de mayo,
con ella ha vencido, nunca derrotado,
las ha sembrado y el paraíso es su fruto,
un país que ha satisfecho las demandas
desde sus primeros comienzos, ninguna
puerta para él quedó cerrada, en el mundo
tiene prestigio, saharaui, a lo largo y ancho
interactúa con los países del universo, en toda
su dimensión respetado, considerado,
con reputación, en todos los pueblos
nombrados al este, al oeste, al norte y al sur,
se encuentra representado, y en muchas
capitales la bandera de su embajada ondea.
Ha sufrido una de las más largas guerras
de liberación que le antecedieron en la lucha
reciente de los pueblos, su resistencia ha sido
transparente a lo largo de la lucha, ningún
acto de terrorismo en su trayectoria se cuenta,
en el mundo nada malo sobre ella hay, ni en la prensa.
Y la prueba que no está adulterada
es la Intifada en sus ciudades,
pacífica y, con un
trabajo permanente, continúan sus demandas
por la libertad deseada del pueblo,
que es su primera y última palabra,
con la lucha pacífica acompañada
de la justicia de su causa.

Ejército de Liberación[26]

Sin ti, oh Ejército nuestro,
nada podría ser viable,
sin ti la vida en nuestra patria
no sería posible.
Desde Dugech hasta Agüeinit,
Miyek, Emhairiz y Tifariti,
no es poco lo que haces,
ya estés fijo o en movimiento.
En Bir Lehlu, la retaguardia,
¡Bravo!
Es poderoso el estruendo
de los volcanes bajo nuestro
enemigo, o revela que el agresor
no te arrincona,
y por eso retumban tus tambores,
tu pueblo dice que
sin ti nada sería factible.
Sin ti, oh Ejército nuestro,
nada podría ser viable,
sin ti la vida en nuestra
patria no sería posible.

Morada que eres amada[27]

Sabes, oh morada, que eres amada,
con tus hierbas y tu cielo limpio,
sin gente, pero tienes al ejército
de liberación, eso es suficiente.
El ejército de liberación te dio
los mártires, tu bendición obtuvo,
el ejército de liberación no te ha abandonado,
sus ojos no se apartan del más mínimo
grano de tus arenas, no te olvida,
sólo contigo se entiende.
Para él, oh morada,
contienes todo lo que su alma anhela,
tus deseos son órdenes.
Porque después de las vidas que te ha ofrecido,
la promesa que ha cumplido,
el ejército de liberación
te ha dado beber su sangre,
tus males ha curado.
Sabes, oh morada, que eres amada,
con tus hierbas, con tu cielo limpio,
sin gente, tienes al ejército de liberación,
eso es suficiente.

Insignia de honor para el Ejército de Liberación Saharaui

El Ejército de Liberación creó una fuerza
por sus convicciones y por su valentía,
escaló altos peldaños en su desempeño,
y entre alabanzas, reconoce los motivos para ser condecorado
con la insignia de honor, por mérito y sin vanagloria.
El ejército de liberación
lo que se le pide, con su valentía lo consigue.
Entre sus pares no tiene comparación,
le es reconocido desde antaño,
abuelos tras abuelos, su guerra limpia ha sido,
reproches de ningún lado ha tenido.
En el campo de batalla,
al combatiente nadie se le adelanta
a su enemigo rechaza
con los fusiles y con SAM[28], en lo más alto
revienta los blancos que identifica, vence.
 Al amanecer, el enemigo se despierta,
huye, se arrastra, se detiene, se desploma,
bebe con el ronzal apretado hasta probar
el sabor de las amargas derrotas que cosecha.
Aunque sea más leve que una libélula,
en la distancia es abatido,
hasta donde la mirada alcanza,
el guerrero mide el blanco hacia arriba,
también hacia abajo.
Cientos quedaron en el campo dispersos,
muertos o prisioneros, otros desaparecieron;
las armas conquistadas, todas distintas,
arrastradas, montadas, y guiadas.

Los carros de combate lo confirman,
aquello que no ha sido quemado,
su humo en el cielo se retuerce.
El prisionero de guerra encuentra clemencia,
es atendido, se viste, se cura, se alimenta
al combatiente pide auxilio, se vuelve tersa su piel
no es maltratado, confía y amenazas no sufre.
El día al que su enemigo debe temer
es cuando, con la frente en alto,
entra en el campo de batalla,
intrépido, valiente se enfila con su infantería
y su maquinaria, «uniendo los vientos y la columna.^{29}
Durante días y noches,
los truenos y el fulgor de los obuses resplandecen;
en el uad^3, en la montaña,
acorrala y asalta al enemigo sin doblar la espalda,
corriendo sin que nadie le grite, dispara de pie y sin apoyo,
el sonido de los fusiles le apasiona y a él le canta.
Un gran número de enemigos captura,
son vidas y materiales para la libertad,
de la que no se apartará,
libertad que con ardor prometió al pueblo,
es un pilar que se levanta, un camello de raza
lleva la carga y sacrifica sin importarle
el bien más preciado: la vida.
Es más noble que Hatim,^{30}
que donó la sangre de sus venas a sus huéspedes.
Su presencia reside en el amor de su pueblo,
con el que siempre cuenta y que nunca abandona,
pero tiene a nuestro Señor y al ejército,
que con las riendas sueltas,

---

3   Afluente seco poblado de acacias y arena característico del
Sahara.

en la gloria el canto entona.
El Ejército de Liberación obró con fuerza...

SEGUNDA PARTE

Poesía política y social

Consejo de Notables[31]

Consejo Consultivo de Notables,
vanguardia, cimiento de la obra
de la Unión; se proclamó
la unidad un día difícil en el Ain.
Se consolidó y se reforzó su valentía
a lo largo de la guerra de liberación,
representó al pueblo con la cabeza
en alto, en el interior de la nación hacia el mundo.
Iluminó el sendero del pueblo en todo momento
hacia el sagrado objetivo:
la independencia.
Lo demás sería fracasar
y no lo acepta para su pueblo,
solo la libertad vale la pena, sin deficiencias.
Fiel a la promesa, cabal, sin cambiar,
no ha traicionado al mártir, ni ha vendido su alma;
el Consejo de Notables, su peso
y su prestigio en el pueblo aumentó,
también en la «Identificación de votantes»[32]
dijo la verdad claramente frente a su enemigo,
y por ello ganó la confianza,
el respeto y la consideración de su pueblo,
fortaleciendo el brazo del niño y del anciano,
también aquellos que han muerto,
que en la paz y la gloria descansen,
a los vivos, que muchos años tengan por delante.
Consejo de Notables, orgullo para el pueblo,
pequeños y mayores,
su gloria construyó con experiencia y sabiduría.
Consejo Consultivo de Notables...

Los notables del pueblo

Los notables del pueblo,
que construyeron el Consejo de los Cuarenta,[33]
representación de todo el pueblo del Sáhara,
en el este y en el oeste presentes
en el norte y en el sur,
al enemigo mantuvo alejado, vigilado, asustado.
Sus primeros combatientes y sus notables
aún permanecen transitando sobre el sendero,
materializando la esperanza de su pueblo,
manteniendo sus convicciones éticas, su talante
tradiciones milenarias y sus distintivos
son herencia para generaciones y generaciones.
Doce de octubre en Ain Bintili[34],
fiesta de la esperanza, se fundó la unidad,
se pusieron los cimientos de su festejo,
construyeron la unidad con acierto
y de sus principios no se han apartado,
mantienen su promesa de unidad,
son fieles a lo que en Guelta manifestaron
en el escrito que con sus manos firmaron:
Renunciaron todos a la Asamblea,
ahí se engrandecieron y se consagraron
Sobre sus escombros fundaron
un Consejo Nacional sin par en el mundo,
al que por su labor se le ha premiado incondicionalmente:
Ser designado con plenitud consejero para el presidente
al que en cada instante el pueblo renueva su confianza
y por más de tres décadas a través de él ha honrado
la unidad.

28

En el trigésimo quinto aniversario,
con orgullo a la unidad saludamos,
entre brazos de combatientes,
en Miyek la unidad recordamos.
Madre de las conquistas alcanzadas,
porque estás a la sombra de los héroes
que te arrullan desde que naciste en el Ain,
¡Oh unidad! Te proclamaron y te defienden
desde el Doce de Octubre del año setenta y cinco,
nacimiento de la unidad en el Ain,
ella juntó las filas de aquellos que la construyeron
como protección, y fue la alternativa a las divisiones.
Te alzaron sobre un pedestal, como un santuario
te elevaron en el marco del Frente
descartando cualquier otra organización,
con el profundo pensamiento de Luali,
tú creces con su ejemplo, contra las divisiones
en contra de la integración en el enemigo,
como precio, pone a tu destino.
Con la vigilancia desafiaste su fuerza,
no pudieron doblegarte,
tomaste con tus manos la victoria,
nada tu enemigo podría reprocharte.
Para el pueblo conseguiste los sueños,
los héroes del ejército te valoran,
¡Oh unidad! Como Unidad de Asalto
un nombre con el que prefirieron llamarte,
te queda bien, en el mejor sentido de la palabra;
venciste al enemigo sin ser derrotada,
eres la razón de la existencia,
del respeto de los hijos del Sáhara,
eres riqueza que agradecen unidos,
aquí, y en las ciudades,

en el sur de Marruecos no te traicionaron.
Esto es para todos los dueños del Sáhara,
que todas las tardes y mañanas te fortifican
con la lucha pacífica,
con las banderas del Frente en alto.
Del enemigo te ríes porque tú derrotaste al régimen,
el peor de todos,
no te detuvieron por derramarles toda la fuerza de la rabia,
el día que te ofendieron, curaste las heridas y
el dolor de la separación de tu pueblo,
Bendita eres, ¡Oh Unidad!
Que cortaste las riñas con tus enemigos
sin que te hicieran daño,
que juntaste con orden todas las jaimas
que te antecedieron
y que comenzaron a tejerte con amor,
como la jaima mayor.
Con la lana y el pelo de las riquezas,
esquilado, cardado y trenzado prepararon
la mejor urdimbre,
tejiendo las tiras y el perímetro, con la cuerda
vistieron y ataron las horquillas,
te cosieron de la mejor manera,
con los nudos mejor atados.
Te levantaron con los pilares en el cielo,
unidos, estiraron tus cuerdas, y ajustándolas
clavaron las estacas en un espacio firme,
dijeron que debes poner los faldones
para resguardarte de los vientos enemigos,
unos que no tengan jirones;
que en tu suelo, bajo tus esteras, no haya espinas.
La más abrigada y con mejor sombra de todas las jaimas,
la más amplia para los dueños,

que en ti moran desde hace tres decenios y medio,
cobijo y resguardo para los que nunca te abandonaron.
¡Oh la mayor de las jaimas!
es en ti donde el pueblo ha unido su destino,
y, desde lejos, te visitan sus multitudes,
ellas con su ejército han vencido las huestes y
las maniobras de tu enemigo,
al que siempre obligaste a beber de la amargura,
¡Oh Unidad bendita seas!
Tu pueblo conseguirá la completa libertad,
contigo no hay duda, así será.
Tu pueblo no dejará de aferrarse al camino de Alá
porque desde siempre, nunca
los hijos del Sáhara aceptaron abandonar.
Tus enemigos intentaron desintegrarte,
pero sólida y confiada no te han podido quebrar,
tu brisa corre a lo largo del tiempo,
llevando lo que no desean los reyes
al Miyek liberado, en el altar de tus festejos te renovamos;
sólida Unidad, ganaste los laureles que te mereces
y con ellos te glorificamos.

Los medios de comunicación saharauis[35]

Los medios de comunicación saharauis
son un altavoz del pueblo al que este aclama,
prensa escrita y audiovisual a nivel nacional,
también el lejano exterior.
La radio y la televisión, conquista del pueblo saharaui,
que interpreta con una voz elevada que estremece,
ha traído a muchos amigos de ayer y de hoy;
antaño, en adversas condiciones para la Revolución
acudieron puntuales, de ella no se apartaron,
el pueblo era más pobre que un ratón de mezquita[4],
y los medios de comunicación llegaron para desmentir,
para refutar las emisoras de su enemigo,
que difamaban y vertían veneno sin límites,
sin escrúpulos.En esa maleza se fraguó el vigor
de la información de la Revolución
que funde en un solo al pueblo saharaui;
desafió las amenazas con técnica y personal,
jugó su papel en muchos niveles,
resultaría imposible cuantificar su contribución,
que cada día más se acrecienta.
Los medios de comunicación saharauis...
La radio, para comenzar, tuvo que
valerse por sí misma, como la Revolución,
con los medios de la fe y la valentía,
para levantar la moral entrelazó sus manos

---

4   Es un refrán saharaui que alude a la extrema pobreza. El ratón de la mezquita acude a un lugar sagrado como la mezquita en busca de restos de comida, sin embargo allí nunca encuentra nada porque no está permitido comer.

con los fusiles, desafiando la opacidad,
marchando a lo largo y ancho de las arenas,
en lugares cercanos y lejanos.
Su primera emisión fueron los partes militares
de los valientes en las grabadoras *Nagra*[36],
los únicos aparatos de grabación,
registró y transmitió reportajes de las batallas del firme ejército;
a pesar de sus modestos equipos,
cubrió los acontecimientos en cada lugar,
en todas las celebraciones, las fiestas,
en todas las actividades estuvo presente,
se ganó el apoyo y la admiración del pueblo.
La radio superó todos los obstáculos, avanzando,
incorporando novedades tecnológicas complejas,
como los audiovisuales y
los medios de información en todas las esferas;
para el pueblo son una garantía,
su personal, hombres y mujeres,
resistieron con inmensa firmeza,
locutores y locutoras,
el pueblo aclama a los técnicos, hombres y mujeres,
con un agradecimiento que constantemente repite.
para las mujeres y los hombres de la información
la familia de los medios de comunicación,
la gloria y la exaltación.

Logros de la mujer saharaui

¡Oh, mujer! Has hecho que la lengua
sea incapaz de enumerar tus logros,
¡Que Dios te lo bendiga con gracia
a cambio de tus sacrificios!
Mujer saharaui, eres seria en el trabajo,
no te quieres sentar,
ante ningún deber te has dormido,
porque la revolución te ha despertado.
Con tu labor en la retaguardia y tu paciencia ante las desgracias,
se cumple tu promesa,
aquella que en vida a los mártires juraste.
Eres líder para seguirte los pasos en el combate,
agradece a Dios que eres guía,
ese día en que vino a ti la revolución del Veinte,
llevando a tu pueblo hacia la victoria,
día que lograste los bienes, esos
que muchas en el mundo no han logrado;
de esto son testigos las comisiones que hasta aquí llegaron,
el pueblo está contento con tus logros internacionales.
Con el fruto de tu lucha has celebrado tu cuarto congreso,
te animo a que sigas en la contienda con la cintura ceñida,
no la aflojes, camina hacia la libertad con la cabeza en alto,
orgullosa, sin inclinarte,
salvo ante tu Dios a la hora de tus rezos.
La República enaltece a sus jóvenes y ancianas en la lucha,
es una llama que no se apaga y arde con tus hermanas.
En las ciudades tus hermanas resisten,
desde el campo y la diáspora
acuden al Cuarto Congreso,
llenas de energía acumulada para la independencia.

Acerca del poema...

Sidi Brahim lo compuso con motivo del Cuarto Congreso de las Mujeres Saharauis, en este trató de enumerar los logros de la mujer saharaui, si bien, no hay palabras que puedan cuantificar tan inmensa labor.

Las mujeres saharauis defendieron a la Revolución desde sus comienzos con dedicación y entereza; sus luchas fueron la fuente que alimentó la Revolución; ellas fueron pioneras en el trabajo, soportando duras condiciones, con una convicción de acero, manteniéndose firmes en todas las etapas de la lucha y en todas las esferas del trabajo. El objetivo único era cumplir con su deber nacional; fueron guía para quien quiso seguir sus pasos y con ello se construyó un país, logrando los apoyos necesarios para la causa, consolidando la unidad nacional de los saharauis.

La fiesta de la mujer

Las mujeres saharauis fueron el apoyo
sobre el que la Revolución se erigió,
trabajaron a lo largo de los años,
desde el inicio de la lucha de liberación.
Mientras las condiciones se endurecían,
la mujer endurecía con ellas,
cuanto más combativa era,
lo difícil dejaba de serlo.
Engendró y crio a las generaciones
desde el primero hasta el último,
una heroína, valiente, que no se retractó,
Un enorme papel en la Revolución jugó,
en los huertos, guarderías, en los telares
con medios propios hizo la producción,
sustrayendo aquello para que en otro lado pudiera añadir.
Entre las mujeres hay artistas
en la cultura con la mejor expresión,
entre las mujeres tenemos enfermeras,
que a la salud, a los enfermos, dedican su atención,
entre las mujeres hay maestras,
que en las escuelas son el número mayor,
entre las mujeres tenemos inspectoras, directoras tenaces,
entre las mujeres hay secretarias y delegadas
responsables, presidentas de ayuntamientos
ocupándose de la gestión.
En la transmisión y en la radio
con ellas ningún experto podría competir,
entre las mujeres hay técnicas de sonido y locutoras,
a pesar del exilio y gracias a su resistencia.
Cumplió más allá de su deber,

lo tenemos que agradecer,
hoy ella empieza a llamar la atención,
por su acenso, por sus méritos al cargo de mayor nivel,
en el Frente y en el secretariado llegó a ministra,
posicionándose a la altura de ministro, como debía ser.
Entre las mujeres hay representante en el exterior,
grande su labor entre las mujeres saharauis,
a las cuales no he terminado de agradecer,
me gustaría destacar sin piropos a la mujer,
si es correcta la expresión, que ella es la proa y la popa
de la trayectoria de lucha del pueblo,
de las ciudades y con las sus manifestaciones.
En el sur de Marruecos, mi reconocimiento a la mujer
de todas las condiciones de este pueblo, niños y ancianos,
en las dairas y en las wilayas, la lucha de la mujer
continuó iluminando el camino de la liberación,
sin que sus responsabilidades hayan tenido que disminuir.
Encendió las llamas bajo los pies
de nuestro enemigo ladrador,
en las ciudades dirigió con su ejemplo a la multitud,
con ímpetu desde el sur,
en todo Marruecos la hoguera prendió,
en la sombra, tras el resguardo de las gestas
del valiente ejército de liberación.
Los agradecimientos con palabras a la mujer
en la prosa son difíciles de conseguir,
más difícil es aun cuando son rimadas, pensadas.
las palabras con las que se le ha de reconocer.
La mujer sacrificó todas sus posesiones,
con el sudor y la sangre preciada,
continuó fiel al sendero del mártir,
estar orgullosos de las saharauis, y de nadie más,
es un deber.

En este poema...

El poeta aborda las luchas de la mujer saharaui que acompañaron a la Revolución desde sus comienzos, ella fue una inspiración para la revolución, por su apoyo y su trabajo en la adversidad, por mantenerse fiel y luchando mano a mano junto al hombre en todos los niveles, tanto en la política como en el frente de batalla. Consiguieron ser protagonistas en ámbitos morales y materiales, fue agricultora, educadora, siempre formando a las generaciones del futuro, garantizando todas las necesidades de la sociedad, con el único apoyo de sus propios y escasos medios.

Fiesta del Ocho de marzo

¡Oh, mujer saharaui!
La malicia perenne del enemigo
no ha destruido tu fuerza en la lucha,
en cada celebración de tu día,
el día del primer mártir.
Ocho de marzo,
fiesta de todas las mujeres del mundo,
recuerda tu lucha que sigue y se extiende
sin que se enfríen tus armas,
las generaciones del pueblo,
tu sombra y tu resguardo recibieron.
Engendraste ceñidos a la espalda niñas y niños,
que crecieron con tu modernidad y tus tradiciones,
no se desviaron tus hijos de lo que trazaron tus manos.
Tus manos no se cansan de intensificar la Intifada,
fieles permanecen, aumentan la fidelidad de los mártires
por los sacrificios emprendidos que en todas las esferas sumas.
Por tu decisión de alfabetizar a tu pueblo,
tu preparación para el futuro,
te mereces con entusiasmo las buenas alabanzas;
en el sur de Marruecos llegó tu día,
conseguiste resultados, y en las ciudades
el enemigo siente miedo de tus convocatorias.
El Ocho de marzo, sonó el tambor
que, con tus manos, golpeaste,
renovando la promesa de los mártires,
permaneciendo en tus ojos las tradiciones.
Estas alabanzas he reunido para ti,
estés cerca o estés lejos,
al este, al oeste, al sur o al norte,

hermosa es la celebración de tú día
¡Oh, mujer saharaui...!
Aquí y allá, con la lucha te has engalanado,
llegaste a tu fiesta,
hiciste una entrada brillante, el pueblo en ti confía,
te agradece tu orgullo y la frente alta,
te confió todos los poderes desde la A hasta la Z.
Tu amigo te ha aclamado,
con sus continuas delegaciones te visitaron,
te mereces los agradecimientos
por la lucha que tanto se ha alargado.
El trabajo sobre ti incrementó tu esfuerzo,
pero tú no te has rezagado, tú eres la vencedora,
y todo lo que no sea la libertad,
simpatía en ti no despierta.
Como otras mujeres del mundo se han movido
desde *Sultana*[37] hasta *Algalia,*[38]
es hermoso lo de *Aminatu;*[39]
se cuenta que derrotó a su enemigo.
¡Oh mujer saharaui! Has cosechado éxitos continuos,
el enemigo ha sido incapaz de conquistarte
y no ha logrado llenar tus ojos, ni colmar tu mirada.
¡Oh, mujer saharaui...!

En este poema...

El poeta descorre nuevamente el velo para mostrar la lucha de la mujer saharaui, que dedicó su vida al servicio de su justa causa, consagrándose al trabajo y manteniendo insistentemente viva la promesa a los mártires. La mujer saharaui se convirtió en una muralla frente a los intentos insistentes del enemigo de erradicar al pueblo saharaui, enfrentándose a sus acosos. Enseñan, cuidan y forman a las nuevas generaciones, perfeccionan sus talentos; están preparadas para asumir responsabilidades, tanto en el campo militar como en la lucha pacífica.

Oh, mujer saharaui

¡Oh, mujer saharaui! Todo el mundo
es testigo de tu combate y de tu trabajo extraordinario,
no existe poeta que pueda describir tu belleza.
Desde encima del *Ain*[40] y hasta
Yeliat Lekrá[41], al oeste de *Draa*[42]
Galb Adat Ua Sigán[43],
tu belleza desde siempre ha sido admirada,
provoca la disputa entre los hombres,
tu lucha inundó todos los rincones del mundo,
tu combate es suficiente respuesta para quien pregunta,
rechazaste al enemigo paso a paso,
donde encontraste abiertos los campos; y ardua fue tu labor
cuando, además, criabas a tus hijos,
a ti el imposible te obedeció,
atravesando arduos caminos.
¡Oh, mujer! El enemigo se ha rendido,
ha sido aniquilado por tu lucha,
por eso en las zonas ocupadas está perdido,
de ti no podrá salvarse porque su derrota está anunciada.
En el sur de Marruecos, tu lucha es bien conocida,
¡Oh mujer saharaui! Tu belleza no ha sido vendida.
Dios te libre, como la vida y la fortuna,
sin arrepentimiento ni vergüenza,
la diste sin vacilar porque por la libertad habías decidido.

La juventud saharaui

No echo mal de ojo,
a la juventud saharaui, agradecimiento,
porque con la bendición de Dios,
he dicho que el efecto de lo que mi lengua pronuncia
es inofensivo[44].
La juventud del Sáhara progresó por las arenas de la ciencia,
nunca se cuestionó la seriedad y el esfuerzo,
se acostumbró a ocupar el primer puesto,
jamás quedó rezagada.
La juventud del Sáhara,
de todas las puertas tiene la llave,
no necesito aconsejar a los jóvenes,
porque en mi mente está grabado
que hace fácil lo difícil,
sea fuerte o sea frágil.
Nunca nos ha decepcionado,
por ello se merece nuestros parabienes,
mantuvo de la misma manera en sus manos
el fusil, el libro y la pluma,
la promesa a los mártires cumplió con creces,
convirtió en realidad nuestros anhelos
de gloria, valores y lucha.
Con diligencia en las ciudades se ha desenvuelto,
nunca se ha ablandado,
revolucionaria, jamás se ha retrasado.
Con las intifadas, el blanco ha batido
a pesar de los sufrimientos por la represión impune del enemigo.
Dentro de Marruecos es extranjera,
no hay en el mundo una juventud vencedora que la iguale,
así lo siente, comprometida con el más cercano

43

y con el que se encuentra más alejado.
El pueblo de ella está orgulloso, la juventud
los cimientos del país ha construido,
los valores mantuvieron,
logrando los éxitos para su pueblo,
que anhela su libertad.
Lo demás sólo son espejismos,
esta es la verdad, no estoy divagando.
No estoy echando mal de ojo...

En este poema...

El poeta alaba a la juventud saharaui que dedicó su vida a buscar el saber sin cuestionarse. Con seriedad y esfuerzo ocupó un puesto de vanguardia y se hizo poseedora del secreto de las llaves del éxito. La juventud no necesita consejos, porque la lucha ocupa un lugar destacado en su mente y constituye un impulso hacia delante. Transformó las dificultades en oportunidades para el éxito; desde el más próximo al que se encuentra más alejado. No decepcionó en sus objetivos, por lo que merece ser felicitada. La juventud ha conjugado la lucha armada y la búsqueda del saber, acompañando la etapa de la liberación desde los años setenta. Fue la fundadora de la gloriosa revolución del veinte de mayo.

Para Sidi Brahim Salama, la juventud saharaui es única, valiente, intrépida, no teme a la muerte y no sabe retroceder. Gracias a ello ha conseguido los objetivos de su pueblo, ha velado por los valores que dejaron sus antepasados agregando a sus muchas glorias un bagaje de sabiduría y conocimiento, con la especialización en todas las ramas del saber, lo que le permite tener buen juicio y hacer la mejor selección.

El congreso de la Unión de Trabajadores

El Sexto Congreso de los Trabajadores,
apoyó a la intifada de la libertad,
al principio y al final de la agenda de trabajo,
siempre ha ocupado su lugar.
Con los trabajadores afrontando la lucha,
lo más difícil han conseguido doblegar,
fueron los primeros en el combate,
renunciaron a la comodidad,
rechazaron hacer dinero,
y lo dejaron sin ninguna preocupación.
Entre ellos había hombres de negocios,
en el interior y el exterior, empleadores sin controversia,
comerciantes, soldados y ganaderos
con su patrimonio; se sublevaron,
lo dejaron tras perderse en el espejismo del Sáhara,
en el norte y en el sur, al este, al oeste, en todo el territorio,
nunca fueron vendedores ambulantes,
ni porteadores, ni vendedores de agua,
nunca se vendieron ante la intimidación,
los saharauis son sabios y perspicaces.
Se olvidaron de sus ganancias,
los trabajadores se olvidaron de cualquier adquisición de dinero
mientras no conquisten la libertad,
sus prioridades por ahora se encuentran en otro lugar,
renovando las palabras con actos,
trabajadores invictos que no han decepcionado a su pueblo,
que sigue esperando que la adversidad sea superada con su labor;
no es un imposible,
la promesa con ellos se acercará.

Las arterias del pueblo son los trabajadores,
son sus corazones, sus esqueletos, sus músculos,
extremidades y cabezas,
lo que se ha dicho en esta situación, su lenguaje
no se puede desmentir.
El Sexto Congreso de los trabajadores...

La cultura saharaui

¡Oh pueblo del Sáhara!
El Señor te ha hecho vencedor entre tus iguales,
la congregación de las jaimas más grandes
para tu festival has erigido.
El enemigo no ha podido impedirte
deleitar con el arte a tus hermanos:
la cultura que no desaparece,
que no necesita de maquillajes.
Saharaui, con sus orígenes la identidad ha construido,
se distingue con el lenguaje y los actos,
desde el principio hasta el tiempo presente.
En tus jaimas apetece adentrase,
alfombradas para tus invitados,
en ellas caminan a lo largo y ancho
con seguridad y confianza,
con azgarid[45] y tambores,
tu hospitalidad encuentran tus hermanos.
Desde el más pequeño hasta el más grande de los países,
tu patrimonio encumbra tu reputación,
y con la intifada continúa diciendo: gracias.
En todos los tiempos, con prosa rimada,
con todo el canto, poemas y versos, con solidaridad
esperanzadora, tu gratitud declaras.
¡Oh pueblo del Sahara!

Sidi Brahim Salama...

Escribió este poema con motivo del decimoséptimo festival de cultura y artes populares. El poeta destaca el patrimonio cultural con el que se distingue a la sociedad saharaui: desde la jaima y las bellas artes, hasta los desfiles de cultura material.

El pueblo saharaui

¡Oh pueblo del Sahara!
Todos los años orgulloso, con la cabeza en alto,
el sudor de la cultura te cuida para no ser engullido.
Desde el sur de Marruecos hasta Río de Oro
estás aferrado a la cultura,
con ella te distingues,
en ella, tus hijos e hijas han honrado a los mártires,
hombres y mujeres contigo glorifican tus celebraciones;
en tu nombre saludo a todos,
pueblo y sus entidades.
¡Oh pueblo del Sahara!
Todos los años orgulloso, con la cabeza en alto,
el sudor de la cultura siempre te ha cuidado
para no ser engullido.
Tienes una cultura de la que nada has ocultado,
tu pasado has revivido en todos tus aniversarios,
las culturas que en el mundo has encontrado
no te han hecho olvidar tu patrimonio,
y otro patrimonio no has aceptado.
¡Benditas sean tus madres![46]
Sólo aceptas lo que te ha criado en tiempos pasados,
pueblo genuino, no te has desviado
de las tradiciones de tus abuelos,
en este festival has conseguido
que el aroma de tu patrimonio se esparza
casa por casa,
desde Río de Oro hasta Gleimim,
con los valores y con el patrimonio que no has olvidado,
que en tu memoria conservas guardado en
la poesía popular, si la recitas,

con tus Tlá[47] y tu Sabba[48], tus Guifan[49],
y cientos de estrofas, *Krez*[50],
tus sones y mucho más que no he podido nombrar,
Hamaya[51], y Lashuar[52].
¡Oh pueblo del Sahara!
Todos los años orgulloso, con la cabeza en alto,
el sudor de la cultura siempre te ha cuidado
para no ser engullido.
Tienes una cultura sin igual en los cinco continentes,
lo confirman testimonios de personalidades de todo el mundo
que han sido invitadas, que fueron por tu hospitalidad agasajadas,
entraron al campamento el día en que llegaron,
por tus grandes jaimas negras alzadas pasearon,
donde blancas beniat[53] has colocado,
las jaimas, has llenado con tus ajuares,
con las tradiciones diversas de tu patrimonio;
jaimas: se toca tu tambor,
se afinan tus azgarid,
se levantan tus pancartas.
Las delegaciones presentes han conocido
las profundas tradiciones de un auténtico pueblo,
donde perduran tus valores,
tus medios de vida muestran tu pasado,
en las jaimas se encuentran sentadas las jóvenes y ancianas
vestidas con la melhfa[54] de nila[55] y el izar[56] blanco,
ritos y valores que las distinguen de muchas mujeres.
En tus jaimas llaman la atención tus hijas
con sus peinados de sanamana[57],
abalorios trenzados por las manos de las mejores peinadoras;
en tu festival desfilan engalanadas ganando los premios,
y en los festivales ridiculizan al enemigo que te ha agredido;
en todo momento, día y noche,
continúan intensificando las intifadas,

50

en las zonas ocupadas permanecen,
con tus héroes y tus heroínas.
¡Oh pueblo del Sahara!
Todos los años orgulloso, con la cabeza en alto,
el sudor de la cultura siempre te ha cuidado
para no ser engullido.

En este extenso poema...

El poeta canta a la cultura saharaui. Su apego y su transmisión de generación en generación constituyen un arma para la defensa de la identidad e integridad del pueblo saharaui.

TERCERA PARTE

Elegías

Elegía a mi padre Salama Eydud

¡Oh, Dios! Conceda misericordia sin límites,
perdón interminable a Salama Uld Eydud[58],
que en el cementerio[59] de Jawi Zauaya[60]
tiene su eterna morada.
Clemencia, perdón, para todos los que
con él se encuentran, para los musulmanes muertos.
¡Oh, Alá! A los que lo antecedieron,
a los que llegaron detrás, sálvalos de los errores,
porque Salama su religión nunca olvidó
desde su edad más temprana;
quien se aparta de su fe en esta vida,
relegado se queda;
lo que en la vida ha encontrado,
no le ha hecho olvidar la muerte.
Fue fiel a lo que Dios le otorgó
para buscar el camino del bien, con éxito culminó su vida,
y el día que la muerte se presentó, para él se terminó la vida,
que su destino sea el cielo.
¡Oh, Dios! Tú que eres el más generoso de los dadivosos.
¡Oh, Dios! Concede misericordia sin límites,
perdón interminable a Salama Uld Eydud,
que en el cementerio de Jawi Zauaya
tiene su eterna morada.

En este poema...

El poeta suplica a Alá en el preámbulo de este poema para que conceda clemencia y perdón para su padre y lo acoja en su paraíso, así como también ruega por todos los que han muerto antes o después que él. El resto del poema destaca las cualidades del su padre, su religiosidad y su renuencia a los placeres mundanos de la vida, su esfuerzo por obedecer y su fidelidad hacia el Creador.

Elegía a Mohamed Sidi Brahim Basiri

Mohamed Basiri[61], desde el setenta se encuentra desaparecido,
no es una noticia confirmada,
dicen que está entre los muertos o entre los vivos.
El responsable de su destino,
en aquel momento, fue Pérez de Lema[62].
Mohamed Basiri es un héroe
que hace tiempo desencadenó la intifada,
líder cuyo destino, desde el setenta,
con certeza es desconocido,
llamó a luchar a todos los saharauis,
en el nombre de Dios bautizó la lucha,
y juró sobre el sagrado Corán
que el pueblo del Sáhara sería libre,
por su lucha, y por la fortaleza de su convicción.
El día de Zemla[63], día y noche
los militantes le intentaron convencer
para partir a un lugar seguro,
su respuesta fue: «Pasará lo que tenga que pasar.»
Mirándose frente a frente ante su pueblo:
caer mártir o ser apresado, ese sería su destino
por temor a pasar a la historia
como traidor a los saharauis,
Mohamed Basiri, desde el setenta
se encuentra desaparecido,
no es una noticia confirmada,
dicen que está entre los muertos o entre los vivos.
En El Aaiún, el día de Zemla,
en Lemreyat, Jat Ramla y Gdeim Izik[64],
encendió una hoguera
el diecisiete de junio del setenta,

al este, al oeste, al norte y al sur,
con los fieles hijos e hijas del pueblo;
las fuerzas del tirano colonial
no han podido asustar
sin sus puñales, dagas,
cuchillos, y fusiles, pero a él
sólo le valió la fuerza de su fe, la valentía y la decisión,
se enfrentó a la policía con las piedras,
con mangos de picos, palas en las manos,
palos de rojo, marrón y negro,
y una sólida voluntad que no se podía aplacar.
De esta manera, se enfrentó
a una enorme compañía de soldados
fuertemente armados, perros salvajes que
se abalanzaron sobre la manifestación de inocentes
sin importarles quién era quién.
Al atardecer, allí cayeron los mártires,
cayeron heridos ante las miradas,
gemían de dolor, se llenó el hospital,
otros tantos se escondieron en una cárcel negra,
que se abarrotó con cientos de detenidos,
¡Maldición!
El enemigo se vengó, se enfureció,
dispersó a aquellos militantes
por Guelta, El Bir y Tichla,
también en Auserd y en la cárcel del Fortín Al candil[65],
en Bojdor y Tifariti[66];
se confinaron otros en Tenerife
para evitar la comunicación,
 en amenaza se habían convertido.
Tres años después de Zemla,
resplandeció la luz de la intifada,
sus rayos fundaron

la revolución de veinte de mayo en el año setenta y tres.
La lucha armada comenzó con apenas diecisiete combatientes;
el Ejército de Liberación
no ha retrocedido de los objetivos trazados,
honrando la libertad para el pueblo en todas las arenas,
una República, por siempre libre y soberana.
Mohamed Basiri, desde el setenta...

En este poema...

El poeta escribe esta elegía para el héroe saharaui, Mohamed Sidi Brahim Basiri, desaparecido el 17 de junio de 1970 tras dirigir la sublevación de Zemla, en El Aaiún, contra la ocupación española. Hasta hoy en día se encuentra en paradero desconocido.

Elegía a los mártires

¡Oh, pueblo del Sáhara!
El mártir no te ha decepcionado,
cayó en combate por defenderte,
con su promesa debes ser consecuente.
¡Oh, pueblo del Sáhara!
La celebración del día del mártir es un día de fiesta
para renovar tu promesa,
para glorificar a los mártires,
no lo dudes: sin condiciones.
¡Oh, pueblo!
Renueva tus promesas a los mártires,
mano con mano,
solidario y plenamente unido,
con orgullo y gloria sigue ensalzando,
canta y recita con alegría, voz en alto,
los poemas, las canciones y los himnos.
¡Oh, pueblo!
Ya estés cerca o lejos,
enumera cuántas conquistas han logrado
tantos mártires que has entregado,
no lo olvides, recuerda siempre
cuántas obras nuevas se van sumando,
lecciones y frutos cosechados; por ti se sacrificaron
para que recuperes tu libertad, para nunca ser esclavo,
para que nadie esté por encima y en tu tierra
seas respetado, libre, y soberano.
Proyecta, construye como desees,
pero glorifica a tus mártires, celebra su día,
el día en que debes renovar la promesa,
incrementa tu lucha a la hora del combate,

debes estar preparado para cualquier imprevisto;
si la paz se encuentra distante
o su puerta se ha cerrado,
estás obligado a volver a la lucha,
y al enemigo debes responder con firmeza,
con los golpes del ejército que se prepara
para la guerra, con más armas, nuevas, modernas;
con la intifada debes enaltecer, glorificar y saludar
al valiente ejército, encumbra y agradece, no lo dudes.
¡Oh, pueblo del Sáhara, el mártir...!
Recuerda y honra a tus mártires
que han cumplido la promesa,
que entregaron sus vidas y fortunas,
que se sacrificaron por ti.
¡Oh, pueblo!
Recuerda las caravanas de tus mártires,
que cumplieron su misión
y muchas glorias han erigido.
Recuerda, honra a tus mártires
que iluminaron con su luz tu camino,
con su sangre lo pavimentaron,
recuérdales, porque cayeron anhelando
la libertad por la que clamas,
recuerda y honra a tus mártires
que curaron tus enfermedades,
eso lo debes creer:
Mira a cuántos desnudos han tenido que vestir.
Hoy, con ellos renovamos la fe,
recuérdales, cuenta a cuántos han llevado el agua,
les han aplacado la sed,
recuérdales, mira a cuántos,
sin esfuerzo ni sufrimientos han beneficiado.
Recuerda, honra a tus mártires

que han dejado al pueblo la unidad construida;
recuerda a tus mártires,
que han criado con sacrificio
las generaciones del mañana,
recuerda a tus mártires,
que como hermanos te han juntado,
la unidad se muestra testigo.
Recuerda a tus mártires,
que han fortalecido tus instituciones,
no lo dudes.
Recuerda a tus mártires, que juntaron tus filas,
hónralos en nombre del pueblo
con el inigualable nombre con que te bautizaron,
recuérdales, y cuenta en cuántos parajes de tu tierra
han derramado su sangre;
recuerda a tus mártires, que elevaron tu voz
y ahora en el mundo resuena;
gracias a los sacrificios realizados, el país florece,
emergiendo desde los lejanos confines del universo
que, eternamente, las generaciones celebran.
Recuerda, honra a tus mártires
porque es tu deber.
¡Oh, pueblo!
Recuerda la promesa que confiaron,
cúmplela con hechos y con renovación.
Recuerda a tus mártires
recompénsalos sin límites,
Alá los ha bendecido,
y benditos se consagraron en el cielo de la gloria.
Te construyeron todo esto y se marcharon,
bendícelos, oh tú, que eres el único,
mártires que no han cejado en sacrificios,
hijos y abuelos.

En este poema...

El poeta hace un llamado al pueblo saharaui, insistiendo en que debe cumplir con la promesa por la que cayeron los mártires, que sacrificaron sus vidas para rescatarlo de las cadenas de la ocupación. Por todo ello, el pueblo está obligado a celebrar sus festejos en grandes y masivos eventos, donde se mezclan todos los colores y formas de la cultura.

La promesa del mártir pervive

La promesa del mártir pervive,
a su renovación invita,
el mártir Bachir Lehalaui[67]
al martirio simboliza.
El primer mártir que despedimos,
el ocho de marzo celebramos,
y con enorme exaltación glorificamos,
la luz de su camino resplandece.
Bendito sea, que cayó con firme decisión
junto al pozo de Maatala[68],
el enemigo no pudo moverlo
hasta que su alma no se entregó al pueblo,
su tumba la señalamos en Ydeiría[69],
de la que nunca se había apartado,
mártir que despedimos
como a todos los mártires que le siguieron,
sus similares, que lo representaron
con el sacrificio, como era natural,
y los compañeros del sendero,
que harían realidad todos los anhelos
que le prometieron cumplir,
ninguno de ellos en el sacrificio se ha retrasado,
no lo objetaron, implacables, se sacrificaron,
caravanas de mártires lo siguieron
para hacer realidad la soberanía del pueblo,
y llevarlo todo al hogar de la dicha.
Lo que han construido no lo niegan las generaciones,
sino que lo glorifican, a los que han caído en combate
recuerdan con bendiciones y alabanzas,
hombres y mujeres, poetas y cantores,

los que cayeron mártires agradecen,
porque en todo cedieron
menos en la libertad de su pueblo,
hónrenlos de forma individual y colectiva,
en la promesa de los mártires, confíen
como un collar en el cuello del pueblo.

Este poema...

Es una elegía dedicada a Bachir Lehlaui, que fue el primer mártir caído en el campo de la gloria, el ocho de marzo de 1974 en el pozo de Maatala.

Elegía al mártir Mohamed Fadel Ismael

Oh, Misericordia, bendiga con creces
a Mohamed Fadel Ismael[70],
que murió al servicio del pueblo del Sáhara
con la mejor representación y de forma meritoria.
Oh, Dios, perdónalo, oh Perdonador,
Mohamed Fadel, oh Victorioso, Uld Ismael,
el hijo bendito del genuino pueblo del Sáhara.
Le dedicó su vida, la sacrificó día y noche,
luchó en la clandestinidad, a pecho descubierto,
su lucha fue conocida en aras de liberar al pueblo
de la ocupación y de la invasión foránea,
a sus enemigos ha hecho beber la amargura,
reconocido desde hace mucho tiempo.
Experto en leyes, alto cuadro del país,
analista político, criado desde edades tempranas
con las ideas de la Revolución,
leal al pueblo con persistencia, versado,
todo lo que ha logrado ha llamado la atención,
atestiguado por el primer grupo;
desde el día en que se rebeló,
permaneció en la vanguardia de aquella generación,
luchó con empeño, en todas direcciones,
hasta que se sumó a la caravana de lo benditos
que, como él, oh Glorioso, en paz descansen.
Oh Misericordia, bendiga con creces
a Mohamed Fadel Ismael,
murió al servicio del pueblo del Sáhara
con la mejor representación y de forma meritoria.
Ha cautivado

la mirada de quien lo ha encontrado,
de quien lo ha escuchado,
desde el más cercano hasta el más distante de su pueblo,
le ha agradecido y venerado,
el pueblo ha sido felicitado por sus amigo,
por la victoria del hijo pródigo,
su victoria en el debate de «El sentido opuesto»[71],
Uld Ismael arrodilló a Leshhab[72],
siguió a su dueño, el rey, avergonzado y acobardado,
también al anterior; al que vino después
ha sometido y humillado, porque con valentía,
Mohamed Fadel, se elevó con la verdad,
le ganó a Leshhab, lo desafió con la verdad,
con amplitud y con detalles.
Uld Ismael, tiene de su parte la razón,
porque ha vencido a su enemigo
con claras evidencias en *Aljazira*[73],
lo hemos visto, el mundo lo ha visto, y muchos más,
lo aplaudió y lo felicitó por la victoria
que con hombría conquistó,
el hijo del pueblo que hizo realidad su anhelo
con su voz y su pluma,
con el sudor, las lágrimas y la sangre que ha derramado.
Sobre su pueblo, de día y de noche,
escribió, recopiló, corrigió,
registró su historia desde su origen,
generación tras generación.
El amor por su pueblo era infinito,
fiel a la promesa de los que han caído,
de su sendero nunca se había apartado
hasta el día en que, sin cambiar,
le sorprendió el inevitable destino.
Hacer con el pensamiento lo imposible

era un rasgo, una ayuda en todos los puntos cardinales,
en lo audiovisual y lo escrito.
Era de los más generosos de su pueblo,
le entregó todo lo que tenía,
el pueblo sufrió su muerte, le dijo adiós,
reconociendo la belleza de Mohamed Fadel,
que Alá lo premie con la fortuna más preciada,
que el paraíso sea su hogar sin demora en este final.
A Mohamed Fadel hemos despedido
cuando partió en ese viaje,
su pérdida está en manos del Señor,
que tenga el eterno premio en el lugar de su postrero descanso.
¡Oh, Misericordia!
Bendiga con creces a Mohamed Fadel Ismael,
que murió al servicio del pueblo del Sáhara
con la mejor representación y de forma meritoria.

El poeta...

Compuso este poema en homenaje al militante saharaui Mohamed Fadel Ismael, quien dedicara su vida a defender la causa saharaui en todos los foros vinculados a la comunicación y los medios de información, ya fuese la prensa escrita o audiovisual. Fue un prestigioso político, experto en leyes y un importante cuadro del Sáhara Occidental.

Elegía al primer mártir de la Intifada de la Independencia, Hamdi Lembarki

Lo despediste, estás orgullosa, oh, patria,
como de tus héroes en Gdeim Izik,
de tu Embarek Uld Hammdi Uld Salek Uld Elmahyub[74],
en ti se hizo distinguido
por las glorias que te ha legado.
En todas tus fiestas, ensálzalo,
Oh, República, glorifícalo,
a Uld Elmahyub recuérdalo,
a Uld Salek que te hizo feliz,
cuando lo trajiste y viste lo que poseía,
lo más preciado que tenía
te entregó, su vida; su deber cumplió
sacrificando lo que más amaba.
No fue el primer héroe que despedías,
hace tiempo que a muchos mártires honraste,
de los hombres que sobre ti han caído,
los has perdido,
lo lamentaron tus niños y tus ancianos.
En Gdeim Izik,
tu Embarek Uld Hamdi Uld Salek Uld Elmahyub,
se distinguió, ha legado su gloria.

Este poema...

Lo dedica el poeta al joven Hamdi Lembarki, que entregó su vida a la causa saharaui evidenciando las políticas invasoras del régimen marroquí.

La Intifada oró

La Intifada oró al primer mártir
que ha enterrado en Gdeim Izik[75],
que se ha convertido en un templo
para todos los saharauis del universo,
al este, al oeste, al norte y al sur, aquí,
en el campo, en la diáspora y en la ciudad.
Catorce de enero del año dos mil seis,
fue uno de los días donde las plumas
escribieron páginas de las glorias de El Aaiún,
que envolvieron a Hamdi
en las banderas de la nación de un pueblo,
color sobre color, desde la puerta del hospital,
frente al enemigo y todas sus fuerzas,
las banderas por delante y por detrás
ondeando encima de las murallas,
caravanas de automóviles compitieron.
En un desfile a pie,
banderas del Frente fueron enarboladas desde Izik
hasta el barrio de la Paz, pasando por Rio de Oro.
Después de Hamdi,
no ha quedado ninguna bandera guardada,
ni en el sur de Marruecos,
ni en las ciudades ocupadas,
todos dijeron una palabra
resaltando que Hamdi
es de los grandes héroes, fieles hijos del pueblo.
La procesión salió pese al dolor,
por el cerco y las cárceles del Aaiún,
sin importar las leyes que ha impuesto
el invasor; los medios de comunicación

no ocultaron las ceremonias del comunicado:
entierro, gloria, consideración y respeto
para la Intifada de truenos y nubes de lluvia.

Este poema...

Es un abrazo dado tras los muros de la vergüenza. Refleja
la situación psicológica de dolor y dignidad y el ambiente
que caracterizó las ceremonias del sepelio del mártir Hamdi
Lembarki.

Elegía a Luali Muastafa Sayed

Luali ha caído en combate,
oh, Dios, prémialo por sus buenas obras,
por el trabajo que hizo para el pueblo,
todo lo despidió en su martirio;
el pueblo, a la hora de su pérdida, lloró,
tanto los niños como los ancianos.
Mis versos no pueden cuantificar todo lo que creó,
el más importante de sus logros
fue fundar la revolución del veinte de mayo,
la dio a conocer en el mundo entero,
quien nada sabía, ha sido informado,
aportó a la revolución
lo que ni siquiera había sido divisado,
la apoyó pese al cerco que parecía insuperable.
Sólo, Luali, se dirigió hacia el exterior,
fue recibido y apoyado en alejados confines del mundo,
todo lo consiguió en nombre del pueblo,
no era conocido, pero le abrieron la puerta entre los pueblos
confiando en la veracidad de su palabra:
le dio al pueblo unos aliados perpetuos que apoyaron su lucha.
Con su inteligencia, conquistó a cada líder
de cada país revolucionario: lo escucharon,
el pueblo de Argelia su apoyo siempre le ha prestado,
un apoyo que nace de principios
invariables pese a las adversidades.
En su discurso de despedida,
Luali, a ello se refirió, lo destacó,
en su discurso mencionó asuntos
que inevitablemente serán conseguidos,
afirmó la existencia de un pueblo,

sin la libertad no habrá retorno,
y no decepcionó,
ha impresionado a todos los que ha visitado,
todos los amigos que ha conocido
le han demostrado sin demoras su apoyo.
Al pueblo organizó, espera la sombra
la victoria ha dejado, Luali ha caído inmaculado,
con su prestigio construyó en el pueblo
la base de la unidad, todos hemos sido apelados.
El pueblo le abrazó, sin hacer ruido,
en masa llegamos, todos los géneros y colores,
cruzando largas distancias,
materializó el anhelo del pueblo.
Curó todo lo que le dolía,
con la unidad lo ha sanado
haciendo iguales a todos,
sus ideas extirparon la más peligrosa de las enfermedades
de antaño,
fundó un país en el clamor de las batallas
con su ejército valeroso, el Ejército de Liberación,
ha arrinconado a su enemigo, lo ha amedrentado.
El arrojo de los valientes soldados
sólo es comparable a su esperanza,
Luali cayó en combate sin ser una carga para nadie,
no murió por dinero, ni hay nada que pueda sustituirlo.
Entregó su vida por la libertad de su pueblo,
han dicho todos, bendita sea Bruc,
su misma madre y Mustafa, bendito sea,
que engendraron a Luali, uno de los hombres valientes,
lo tiene reconocido, murió mientras aún su pueblo
no había logrado la libertad,
todo su pueblo deseó, suspirando,
que su vida se alargara

para vivir la luna de la libertad,
aquella que a su pueblo había anunciado;
pero por su valentía, su vida fue breve,
si alguien lo pregunta, el mártir se sacrificó,
con ello hace tiempo se ganó la bendición de Alá,
la admiración de su pueblo,
sus loas[76] no han mermado,
mujeres, hombres y niños
a Luali no se cansan de agradecer,
generación tras generación.
Los pueblos libres del mundo que recorrió, lo alabaron
por la eficacia de su trabajo,
su pueblo, día y noche, permanece agradecido en todos los
aspectos,
el pueblo jamás ha dejado de glorificar a sus héroes,
antes y después de Luali, por todos
y por igual, siempre ha preguntado.
El pueblo asegura que sus mártires
siempre cumplieron las promesas.
El pueblo conserva la fe en sus valientes,
que en el cumplimiento del deber
mantienen su empeño, no dejaron de cumplir
los designios de Dios,
tanto él como sus compañeros.
En la mente de Luali destacan sus originales ideas
sabiduría que confirman las universidades,
estudiante sin igual, sólo Luali,
no era necesario preguntar,
porque la mejor nota había obtenido,
diecinueve de veinte, siendo el mejor alumno,
aún las universidades están extrañadas
que el número uno haya logrado.
Con las ideas resplandecientes de Luali,

su luz abarca un amplio espacio,
las dificultades del pueblo han debilitado
sus fuerzas, pero todo obstáculo ha sido reducido.
El análisis de la situación actual muestra
lo que antes de morir predijo,
en su encuentro con los cuadros pasó el día y la noche
explicando todas las circunstancias,
alertando contra la exacerbación de las mentes
que las esperanzas del pueblo habían defraudado.
Una de sus raras cualidades era la improvisación,
concatenaba sus palabras de manera impecable,
no estaban escritas en una hoja, ya fueran cortas o largas,
las tenía memorizadas, eran claras
                                para quien las escuchaba;
pequeñas o grandes, eran percibidas por el pueblo
en cualquier circunstancia, quedan para las generaciones
venideras,
después de su muerte se han reproducido, incesantes
perdurando en la historia,
recordadas como sentencias proverbiales.
Luali no tiene comparación en todos los confines del mundo,
lo confirman sus compañeros de lucha,
fue un héroe activo para el pueblo,
la veracidad de sus enseñanzas lo demuestra.
Era de posiciones rigurosas, con coraje,
en los peligros no importaba dónde,
exploraba todas las posibilidades,
con el estudio y el análisis, hasta que el peligro fuera superado
con férrea voluntad que no atemperaba;
la victoria sólo a él pertenecía,
primero entre los hijos leales al pueblo,
como Luali había pocos, la valentía le pertenecía,
cumplió la promesa en todo momento,

por eso tú, oh pueblo, debes serle fiel,
cumplir con el pacto sagrado y los mártires que cayeron.
Él murió con los ojos fijos en su enemigo,
en apenas tres meses organizó a su pueblo,
construyó un país para las jóvenes generaciones
que no desaparecerá con su partida.
Luali ha caído en combate, Oh Dios...

En este poema...

El poeta despide al mártir caracterizado por la dignidad y la búsqueda de la libertad, Luali Mustafa Sayed, deseándole bendiciones y reconocimiento por todo lo que ha legado al pueblo saharaui: Éxitos gloriosos que han dejado una profunda huella en la conciencia colectiva de este pueblo, que ha llorado su pérdida.

Oh, Dios mío

Oh, Dios mío, dame tu clemencia
también para quien conmigo se relaciona,
perdóname todos mis pecados,
tú que eres el único que perdona.
Te lo ruego, con ciento catorce suras entre La Meca y la Medina,
que como inspiración descendieron sobre nuestro profeta,
Mahoma,
el sello de todos aquellos profetas que lo precedieron,
perdóname, también a mis padres
y a todos los creyentes musulmanes.
Empiezo con el nombre de Alá,
Clemente y Misericordioso, creador del universo
con la sura del *Exordio,* comienzo apresurado,
seguida por suras entre la *Vaca* y *La Familia de Imrán, Las Mujeres,*
tenga compasión por nosotros
con *La Mesa servida* y *Los Rebaños*
unidas, *Los Lugares Elevados* y *El Botín,*
llévanos hacia *El Arrepentimiento, Jonás,*
sin secreto y con *Hud, José* nos otorgues,
oh Dios, el paraíso de los honrados,
tú que eres el más compasivo con *El Trueno*
y la sura de *Abraham, Alhiyr, Las Abejas* sanas,
El Viaje Nocturno y *La Caverna* gloriosa
y los de los versículos claros, líbranos de tu castigo doloroso,
tanto de los primeros como de los últimos.
Con las suras de *María*, Mecana, *Taha,*
con las suras de *Los Profetas, La Peregrinación* y *Los Creyentes,*
todas juntas, que me protejan de las enfermedades,
con *La Luz, El Criterio,* más *Los Poetas y Las Hormigas,*
danos con El *Relato* la mejor dádiva,

tú que eres el más generoso,
La Araña, Los Romanos, Luqmán,
La Adoración, La Coalición, sin olvidarnos de *Saba*
y los que contienen versículos puros;
Creador y *Ya Sin* del Corán protectora,
con ella auxílienos del castigo, del dolor y las llamas,
tú que eres el mayor de los piadosos.
Los que se ponen en filas, Sad, Los Grupos, Perdonador,
paso a la sura de los *Dorados,* también nombro a la del *Humo*
sin olvidar la *Arrodillada,* las *Dunas,*
nombro a *Mohamed* y la *Conquista,*
danos toda la bendición, lo mejor de todas las suras,
haz que seamos de quienes beban de Alkouzar[77],
que bebamos hasta saciar la sed, oh grandioso,
obra entre nosotros y nuestro pueblo, oh, Dios,
con la victoria, tú que eres el mejor de los conquistadores,
con los *Aposentos Privados, Qaf,*
los versículos de *Los que levantan un torbellino,*
el *Monte* se ha recitado, los *Astros* y la *Luna* se llenaron,
El *Misericordioso* hemos estudiado,
el *Acontecimiento,* salvadoras
y el *Hierro,* sin que dejemos la *Discusión* y la *Concentración,*
tras la cual llegó la *Examinada,* las *Filas* y El *Viernes,*
aún sin acabar de contar las suras te imploro borres mis pecados,
danos tu misericordia y tu perdón.
La sura con el nombre de los *Hipócritas,*
tras ella, vino el *Desengaño,* el *Divorcio,* la *Prohibición,*
aquí la sura de la *Soberanía* clara, el *Cálamo*
comenzando con la letra *ene,* gracias al Corán
danos de beber de tu fuente, oh, Dios,
que seamos de los primeros en llegar,
la *Inevitable* como las *Gradas, Noé,* los *Genios.*
El envuelto en un manto,

78

no ocultamos la lámpara iluminadora del Corán que ya hemos recitado,
con el *Arropado* rescátanos con premura,
con la *Resurrección*, danos clemencia,
con la *Gente* y *Los enviados*, la *Noticia*
y *Los que arrancan, Frunció el ceño*,
una sura que en el olvido no he apartado.
El *Obscurecimiento*, no hemos dejado la *Hendidura*
que adherida llegó, pobre de los *Defraudadores*
que hacen pesados los platillos de la balanza
el día de sopesar los actos de los creyentes musulmanes.
El *Resquebrajamiento* y las *Constelaciones*
    agregó, el *Astro nocturno*, el *Altísimo* sin adulterar, *La que*
                                        cubre,
la *Aurora*, así como la *Ciudad y las Higueras*,
llegamos a la *Noche*, la *Mañana*,
definición de la *Abertura* y de las *Higueras* que hemos estudiado,
el *Coágulo* sin ninguna supresión del *Destino*,
como la *Evidencia* y el *Terremoto*, los *Corceles*,
la *Calamidad* llegó con quietud,
la sura de la *Rivalidad* y la *Tarde*
llegó con el *Difamador*,
esa que hemos leído,
el *Elefante* y los *Quraysh*, los versos de la *Ayuda*
que no hemos evitado,
la *Abundancia* y otras suras como los *Infieles*,
regálanos la *Victoria*, las *Fibras* no se ha relegado,
la *Adoración pura*, el *Alba*,
culmina con los *Hombres* las suras completas,
ciento catorce hemos contado y sesenta capítulos,
los versos del Corán aparecen,
siete mil más dos cientos y cuatrocientos cincuenta,
más dieciséis, con certeza completamos
la cantidad de todas las aleyas juntas,

gracias a sus letras estamos reunidos,
por sus capítulos y suras otórganos, oh, Dios mío,
la absolución de las dos moradas
para todos los musulmanes por el señor de los enviados,
por lo que representa ante Alá,
concédanos la harmonía de las dos moradas,
estemos vivos o muertos, oh, Dios, tenga piedad.

El poeta...

Enumera en este poema el conjunto de las suras del Corán y el
número de aleyas, partiendo de sus vastos conocimientos de
la cultura del islam, en la que fue educado y a la que se siente
muy apegado mientras implora a Dios clemencia a través de
las suras del Corán.

CUARTA PARTE

Al-Atlal, añoranzas

El poeta evoca el pasado, recuerda la belleza de tiempos ya lejanos de su vida y la de los saharauis en su hermosa tierra; recorre la geografía saharaui deteniéndose en cada montaña, en cada valle, en cada cauce, hoy desolados, llenos de ausencia y silencio.

Oh, espíritu

Oh, espíritu, qué lejos de ti están
Algaada e *Izik*, lo que provoca tu dolor,
qué lejos se encuentra *Asreifa*,
aquella que termina en el pozo de *Aridal*
y las pequeñas graras de *Aulad Alí.*
En ti, oh, espíritu, su lejanía se ha hecho pesada,
como la lejanía acompañada de llantos
por los valles llamados *Bilabiad.*
Oh espíritu, hoy aún te llama *Aftut*[78]
desde la costa y la cadena de dunas,
te suplico que lo cites
en el conjunto de los territorios que añoras.
Dile, oh patria, que a tu llamada he ido,
no he escatimado en versos que recitar,
en todas la métricas y mares poéticos recreo tus nombres,
aunque resulta que es tarea imposible,
porque es hermoso tu norte, tu este,
tu oeste, tu sur y tu centro entero.
Oh patria, no tienes defectos,
Eres toda belleza, no tienes desechos,
aunque lejana, apenas te reconozco,
oh, espíritu, que lágrimas derramas.

Aquel es Taref Abda[79]

Aquel es Taref Abda, el pobre,
oculto por las brumas, preso;
Uad Bonba como él se encuentra,
triste, tristes también están los montes del *Kamún*,
triste está *Lekreib*, triste *Tishía*
y el monte cercano con que limita al este.
Audar y su planicie también están tristes,
las faldas como el pedestal de la loma de *Albagari,*
las fuentes entre duna y duna;
es extraordinario aquello que ocurrió, que no se esperaba,
ya no se observa el ganado en *Lekreib,*
 en *Imdeguen*[80] no queda población,
ya no se observan animales trashumantes,
ni *Frig*[81], ni vida aquí ni allá,
ya no quedan amigos, ni queda ternura.
Del hogar enjaulado, hasta lo que su gente piensa de él
es decepcionante, lo que nunca había pasado
se ha vuelto como el creyente,
lleno de infortunios, rodeado por los muros,
el ir y venir se ha vuelto difícil entre aquellos lares;
en El Aaiún, lo que antes era perfecto
hoy de repente se ha convertido en defectuoso.
Traiga la victoria, la libertad con premura,
para la gente de aquí y para los de la ciudad,
oh, Dios, tu gracia es extraordinaria,
a tus órdenes todo responde, lo que dictas,
en un abrir y cerrar de ojos se hace realidad.

Es hermoso mi día

Es hermoso mi día,
aquel cuando cruzaba Zemur[82]
en medio del verdor,
oyendo el canto de Um-Yaber[83]
entre los prados en flor.
Hace tiempo que no estoy en Zemur,
es algo que pesa, y no poco,
estar lejos del hogar.
Cuando Zemur está engalanado
cautiva a sus visitantes,
¡Las noches que he pasado yo!
los días en Adam Rih, en Enjeila,
en la montaña de Labar[84].

Ishergan[85]

Observa tú mismo, oh, ojo,
allí está oculto en el Ain,
entre *Shrag* y *Bishrarek,*
al este de *Um-Eruisein,*
Ybeilt Albid aparecen al oeste de aquel,
no se ha ajado *Lefkah,*
como antaño se ha embellecido,
qué bello es *Almanhar,*
también *Garezrez, Lajdar* es bello, hasta *Labiad,* su hermano,
los dos siguen esperando por su ganado,
en *Um-Ebana*[86], allí dos moradas tenías tú.

Miyek[87]

A Miyek este tiempo ha irritado,
sus vecinos aún no han regresado,
haciendo que una y otra vez
se vuelva más irascible su carácter.
Las lágrimas de Miyek se han derramado,
Zaazaiyat, sin señales de vida humana,
como *Alfarfarat* enfermaron.
Pasa Miyek sus días llorando,
recordando el ayer,
Tartag[88] hacia él se acerca,
durante los días y las noches se lamenta.
A Miyek, este tiempo ha irritado...

Alkerban[89]

Quiero, oh, Dios,
que hagas que habite en las moradas de mis abuelos,
en *Tashía*, en *Afdayer* y el monte *Inkraf[90]*.
Amo a ese hogar mío,
pero su lejanía es peor para mí,
dicen que ya no tiene ganado,
que sus habitantes no se ven,
de mí se apodera la angustia
con todo su inmenso dolor,
desde el alba hasta el ocaso
se perpetúa mi ansiedad.

Leetaitabi[91]

Mi hogar es bello, no lo olvido,
Oh, espíritu, es todo a lo que aspiro,
a Leetaitabi en el pasado he ido,
también a los montes de Ihyak[92].

Lehfur y Almenyaa

Recité un pequeño gaf[93]
junto a un poema exiguo,
sin provocar un conflicto,
dedicados a *Aridal* y *Busgueia*,
a *Lehfur* y *Alminyaa*[94].
El lugar de mis moradas, en *Esbeita*,
al oeste de ella, sólo está *Aueta*,
donde pasé una pequeña temporada,
también en *Yeliet Lekrá*[95],
en cada paraje estuve yo pastoreando,
estaba en mi territorio sin hacer planes,
sólo disfrutaba en esos valles
en *Timecrarin*, entre las flores.
Las diversas hierbas del llano,
en *Zueilila*[96], tuvieron fama infinita.

Desde Bencara

Desde *Bencara* hasta Asreifa,
al oeste me fui inclinando,
hacia *Asatef* y *Yheifa*
y la llanura de *Ennil*.
Hacia *Tinwimel* siempre voy,
Lejyalat[97] dejé al norte,
los valles de Algaada diviso,
al oeste se encontraba el lugar
donde descansaban a mediodía los camellos,
lo hacen en todos lugares, como en *Greibil*[98].

La llanura de Ennigd[99]

La llanura de Ennigd se me quejó,
porque sus pastos se quedaron vacíos de ganado
que antaño transitaba,
como también *Tueinfid*.
Lemramiz quedó sin gente,
desde el sureste hasta Smara,
en los cauces de *Lekmin*[100]
no llegaron nuevos vecinos
que tuvieran noticias de sus lejanos habitantes.

Leereig[101]

Este tiempo es sólo desconsuelo,
muestra de ello es Leereig,
a las espaldas de Miyek,
pasa las noches en soledad
sin la presencia de ningún frig.
El pequeño monte de *Tershush*[102]
es testigo de que este territorio
fue un destino en aquellos tiempos,
en él se había levantado más de un frig.
De Leereig hoy se han alejado,
es enorme la añoranza de sus moradas,
e incapaz de ocultar sus recuerdos.
¡Malditos sean los enemigos!
¡Ah!, sólo repasa sus memorias en medio del dolor.

Udei Ensi[103]

Oh, espíritu, ve contando a lo largo de la noche
todas las moradas de mis antepasados,
cuenta el hogar de Udei Ensi
que termina en *Aljat*[104], hacia el norte,
desde donde se halla mirando al sur
hasta *Agüeidir, Lekreib, Udei Tabalit*,
y *Sbey Bueirat*, lo que aumenta mi dolor,
además, no tiene sentido que yo olvide mencionar
a los montes de *Leauafi*[105].

Ybeil Algara[106]

El bendito solía pernoctar y pasar el día en *Alfeida*[107],
con la gente que moraba entre *Eteir*[108] e *Imim,*[109]
en las espaldas de Ybeil Algara,
aquella era una tierra sin manchas
que sanaba las dolencias de quien la visitaba,
desde *Alfiyad*[110] hasta *Tidmas,*
aún más bella quedaba justo al norte *Lehdab,*
no había mal que mi tierra no curara,
Yanabet Lehyar[111], sería una afrenta
que alguien, al hablar de la tierra, no la citara,
sería un sacrilegio,
que fuera, esta, tierra de «*gente que no la conociera*»[112].
Esto es un guiño de manera sencilla
para quien se considera aludido,
siento la lejanía de mi tierra,
pero la vida es traicionera,
a veces, encuentras alegrías sin medida,
y a veces la tristeza todo lo llena.

Alfeida

Lo que me provoca un dolor intenso
es la ausencia de firgan[113] en el verdor,
en el monte de Algara, en el monte *Lajdar,*[114]
en el cauce arenoso de Alfeida.
Tierras donde estaban emplazados
los muy poblados firgan, en Alfeida,
Tinuekanin, en la blanca Ynabet Lehyar,
desde Lefkah hasta Lehfur,
de los dos pozos, ancha y alargada,
ya nadie visita *Taraklin,* ni *Alherish,*
resulta absurdo; más extraño aún
es visitar *Legtem*[115], las dunas de Tidmas,
encontrarlas despojadas de sus gentes,
eso en mí dejó una profunda huella,
que estén verdes y no haya un alma,
oh, gente, eso incomoda y exaspera.
Lo que me provoca un dolor intenso
es la ausencia de firgan en el verdor,
en el monte de Algara, en el monte Lajdar
y en el cauce arenoso de Alfeida.

El poeta...

Muestra en estos poemas su vasto conocimiento de las particularidades de la vida de estas regiones. Fue la ventana por la que se observó a sí mismo a la hora de crear la poesía, lo que le sirvió para expresar sus sentimientos de manera tan hermosa; él no buscó la llave de su poesía en el acervo poético hasaní, ni buscó sus poemas entre cientos de bellos versos que lo antecedieron, sino que hurgó en su interior en busca de sí mismo, pintando sus sentimientos con un pincel propio, dibujando el mapa de su corazón con su propia pluma y no con la de otros. Por eso, su originalidad es extraordinaria, recordando y añorando el pasado, sus moradas en Alfeida, en el monte del Gara, del monte Lajdar, en el cauce de Alfeida, etc.

Uad Um-Ekreid

El verdor que alivia los corazones
crece en *Uad Um-Ekreid*[116],
y es útil a condición que el Uad sea *Almahayub*[117],
que *Um-Ekreid*[118] sea Um-Ekreid.
Por el proceder del firme y eterno,
me ha escrito que paseara ahora en *Adam Etalh*
y lo que hay entre *Aluidyan y Taref Lehdid*,
aquellos son las dos *Emgueirinat*[119],
que según la gente son un lugar de provecho,
son hermosas, en ellas ha llovido
y están llenas de brotes nuevos,
en ellas la hierba hechiza la mirada,
pero el territorio que yo añoro
se encuentra lejos, en Lekreib y Tishía,
que son hermosos si se llenan de verdor,
también Gataa Al-Id y Almahyub Almaftug,
a los que, con fuerza, añoro,
como a la belleza de Um-Ekreid y Ynabet Lehyar,
con diligente indicación a ellos,
oh, Glorioso, vamos a volver.
El verdor que alivia los corazones,
crece en Uad Um-Ekreid, y es útil...

El poeta...

Recita a los paisajes de Uad Um-Ekreid cuando están llenos de bellos pastos vedes, capaces de curar los corazones y devolver la vitalidad a quienes los visitan, pero siempre y cuando ese uad sea el de Almahyub y que Um-Ekreid sea la misma que un día Dios le permitió ver y disfrutar en sus paseos por Adam Atalh, en la región de Taref; las dos Emgueirinat, que la gente destacaba por su mágica belleza, tras las lluvias se viste nuevamente de verdor. Pero la tierra que de verdad añora está lejos, es Lekreib, Tishía, Gataa Al-Id, Almahyub, Um-ekreid y Ynabet Lehyar.

Zemur[120]

Zemur está vacío, deshabitado
por el proceder de la eterna bondad,
desde *Errigua*[121] yendo por *Ayahfun*
hasta *Elfeid Ueinat* y *Loutad.*
Por el proceder del eterno victorioso,
Zemur, hoy se encuentra desolado
desde Uad Ettin hasta Bulehbar,
no hay ni una jaima, ni quien cuente lajbar[122],
ni quien traslade información de lo que acontece en los nobles firgan,
que solían instalarse en el verdor de los cauces
que desembocan al norte, desde la planicie de *Aguenz*[123].
Era hermoso ese hogar,
los grupos de firgan desconocían la tristeza,
eran generosos y sin rivalidad,
pasaban el invierno y la primavera en el área,
en los veranos el agua estaba a su alrededor,
el agua de los pozos no se tornaba amarga,
era fresca y no estaba a mucha profundidad.
Jaimas, baniat[5] y huéspedes, una caravana
que descargaba, otra que empezaba a cargar,
y además, otros muchos secretos
que quedan para el recuerdo,
que no se pueden olvidar.
Caravanas moviéndose cargadas,
trayendo mercancías llevadas por hombres
con fusiles de Rubaía y Alwarwar[124],
que cazaban los animales abundantes,
avestruces, gacelas y antílopes,

---

5   Son jaimas pequeñas de tela blanca que usan los nómadas en los
traslados o para atender a los huéspedes.

96

los arruís que zigzagueaban en los montes.
Sabanas donde se encontraba el rastreador,
buscador de pastos y cazador
desde la mañana hasta que la tarde comenzaba a decaer,
se podía ver al ganado a lo lejos pastar,
las camellas preñadas y las crías lozanas,
sin pastor, ganado de camellas lecheras,
camellos de carga de la misma edad,
rebaños de camellos y cabras entre las flores,
en las planicies, los cauces y los valles.
Se tornaban rojas, blancas y amarillas,
las innumerables flores de la primavera se volvían azabache
a lo largo y ancho de los cauces y en las faldas de las montañas.
Zemur tiene la sombra de sus árboles,
tiene leña, la calidez de las costumbres;
Zemur, el que hechizaba las miradas,
se ha convertido en historia,
menos las huellas de los firgan, ruinas de mis moradas,
esto es muy raro, el lugar de las jaimas y del fuego
ha desaparecido, ni las cenizas quedan ya,
sólo el perspicaz podría notar las piedras
sobre las que se ponían las ollas del año de Argad[125],
vestigios de un oratorio necesitado de despejar
donde se rezaban las oraciones de las fiestas sagradas,
las oraciones diarias, huellas de los creyentes
que ante nuestro señor se postraban,
el Corán recitaban, mayores y jóvenes,
con las manos entrecruzadas sobre el pecho con entonación;
el patrimonio de los saharauis es una propiedad
que los abuelos dejaban a los hijos: hábitos y valores
que son orgullo a lo largo y ancho de la nación.
El destino de Zemur lo quiso,
Dios dispuso su desolación sin ser esta su voluntad,

pero sin duda es capaz de volverlo a poblar
con los sobrevivientes que lo habitaban,
que él lo asista con una fructífera ayuda,
que aleje de él las sequías
con intensas y generosas lluvias
que salvan territorios y población.
Zemur está vacío y deshabitado
por el proceder de la eterna bondad
desde Errigua, yendo por Ayahfun, hasta Elfeid Ueinat y Loutad.

El poeta...

Expresa su profunda tristeza por estas regiones que se
han convertido en espacios abandonados, después de que
hayan desaparecido las formas de vida conocidas en el
pasado. Al tiempo, reconoce su abrumador deseo y su amor
sin límites por ellas, pese al deteriorado estado en que se
encuentran. El poeta, partiendo de la desolación, reconstruye
el pasado glorioso de Zemur, comparándolo con el presente,
expresando las sensaciones experimentadas en los dos
tiempos contradictorios que ha vivido.

Aquellas moradas mías[126]

Aquellas moradas mías, muy lejos quedaron,
llanuras, cañadas, los uadis de Lareida
y Rbeyeb Bilao, Tazúa y Hreishet Mirán,
ya sabes por qué a aquellas quiero tanto,
porque el amor a la patria es parte de la fe.
Rbeyeb Lemkader se encuentra triste,
por su lejanía, hace años que no lo puedo ver,
y con él, lejos quedó Alasliyín,
también Laagueida que no puedo olvidar,
como tampoco puedo olvidar a Lejneigat
y Magsam Firnan.
Al oeste, en el horizonte,
se observan los montes de Albard unidos,
los pobres Esiquen y Larmaz, Um Beduz
y Um Alhisyan, las cañadas de Tifiguiwen,
las dos, Lehseyat y Hekm Amidrán Rouda,
recuerdo con cariño el amor por mis territorios,
que se acrecienta día a día con fuerza.
Amo a Udei Zez, es hermoso Guirzim,
el pozo que tenían Lefteig y Leguayez,
la acacia de Suadu no pierde su belleza.
En Erbeyeb Lehwash, en los años setenta
estaban asentados los firgan, jaimas y beniat,
además de su aspecto hermoso,
vivían en paz y seguridad.
Hizo el destino divino, hace ya muchos años
que lo tuvieron que abandonar.
Las tierras que conozco son de gran perfección,
en ellas no hay nada que soporte la humillación.
Aquellas moradas mías, muy lejos quedaron...

El poeta...

Canta a su tierra, tras muchos años de lejanía y ser privado de verla. Pero su cariño hacia ella se acrecienta, llegando a todos sus rincones, que recorre, uno tras otro a lo largo del poema. No pasa por alto ningún lugar donde dejó parte de su vida, describiendo cómo eran aquellos tiempos de su infancia, que en su vejez conserva y rememora. El poeta ha construido un puente con su imaginación por el que se traslada a su tierra; pasea por sus jaimas y por sus bellos paisajes, aquellos que están abandonados, sin gente desde hace muchos años.

Lehdeb[127]

Todo Lehdeb se ha vuelto desolación,
como la vaguada de *Tayaret* y *Agueidat*
Alguizlan, Luy Alwatat, en *Lemyeihida*
ya no se oye llamar a ningún animal,
ni en *Tiñerat*, ni en Almahyub Almaftug,
ni en *Shalja*[128], ni en las dunas *Amat-Ekreid*[129].
Era afortunado ese paraje hasta *Leksheiwat*,
pero hoy se encuentra despoblado,
desde *Esiquen*[130] hasta *Legseiat*[131] y *Almanhar*,
uad, meseta y desfiladero,
desde *Arred* hasta *Wakranat*,
alcanzando a *Udei Etamía* y Aljat, Legtem, *Udeyat Etyus*[132],
desde allí hacia arriba, llegando a Ybeil Algara
y Eybeilat Albid hasta Lefkah.
Nada vivo transita ya por estos lares,
donde un día habitó gente orgullosa,
qué pena que hoy esté sin ganado al que se pueda alabar.
Eynabet Lehyar ha llorado, Lehdab abandonado se quedó,
Dios lo libre de algo peor,
mi tierra por su gente, aquí, lleva mucho tiempo siendo amada,
y los que en ella se quedaron, no se pueden asomar.

Este poema...

Representa un hermoso mosaico donde el poeta canta a la región de Lehdeb que quedó desierta de rastro humano después de ser abandonada por sus habitantes originarios; sobre todo, la vaguada de Tayaret, Agueidat Alkislan, Aluy Alwatat, Lemyeihida donde no volvió a pastar el ganado. Lo mismo ocurrió con Tiñerat y Almahyub Almaftug, al igual que la región de Leksheiwat, abandonadas por las gentes que en ellas vivieron.

Sahel[133]

Oh, Dios mío, mis ruegos sólo son para ti,
tú que eres el único dueño del universo,
glorioso, generoso tus dádivas entregas,
mucho más con creces das,
te ruego que la vida sea como en el ayer
en Liyemselguen y Muezirat,
en Udei Shok y Legseiat,
en Udei Taamía que se encuentra lejos de mí,
en Aljat, en Kirnet y en Agued Laknem,
desde Fum Etidmas que se quedó desolado, sin gente,
igual que Lehyar y Ezragat Um Ekreid, Tayaret Legtem
y Agueidat Algulán devastadas severamente,
peor está Luy Alwatat,
que una mano cede a la otra con pena.
Arred y Gataa Atalhayat Lehdeb
eran benditas y sublimes,
hoy sólo es desolación,
como Tiñarat y Lemyeihida,
lugar donde pastaba el ganado,
moradas de jaimas en Tishía y en Gataa Al-Id,
en Taref y Almidna donde ya nadie acampa
como antes solían desear.
En Lekreib, así como en el difunto Ayahfun,
el magnífico uadi, Adeim Atil,
Tuezilat, aquella fértil y hermosa morada.
En Rag, Lehfur y Shlauat
ya no quedan más animales,
desaparecieron aquellas jaimas grandes y atractivas
que hacían estables firgán.
Aquellas tierras mías, oh, Dios,

llénalas de mi gente,
oh, Eternidad y Gloria,
oh, Dios mío, mis ruegos sólo son para ti.

Ay, Dios mío cuán hermoso, era Zrag[134]

Ay, Dios mío cuán hermoso era *Zrag Lefkah*[135],
el lecho del uad que atraviesa Lefkah,
y las dunas que trepan por *Ameelag,*
la ladera de *Tishía, Gleibat Elfula* y *Um-Ediguen.*
Añoro, oh espíritu los meses y los días que ya se fueron,
eran hermosos, pero no te aflijas,
olvida el pasado, vete hacia el sur,
hacia el oeste, sin contemplación,
en dirección a *Al-Atabi* y las moradas a los pies de *Taref,*
ve hacia el lugar de las jaimas de las familias
erguidas, siguiendo el rastro del ganado
en medio del valle verde de *Afeyat*[136],
si alguien sobre cualquier punto de referencia se asomase,
vería las jaimas y las baniat,
una visión que limpiaría su alma, la llenaría de amplia satis-
facción.
Aquel tiempo afortunado ya no ha de volver,
¡Qué dolor! Dista mucho de este tiempo de penas,
separación, dulzura y amargura.
Por tus designios, Eterno Creador,
tú que me has escrito los pasos que he de dar,
Oh Dios, por mi bien, devuélveme muchas veces a mi tierra,
Tú que respondes a los ruegos,

Tú que eres el Hacedor.

Este poema...

Se explica a través de dos lecturas: La primera como descripción que intenta acercar las evidencias de la inspiración poética. La segunda entendida como estética, que busca resaltar los atractivos del poema a partir de una lógica de observación.

El poeta comienza su poema con la expresión «Ay Dios mío» que es una expresión con muchos sentidos en hasanía, entre ellos el de admiración y exageración; porque el poeta admira y exagera fascinado por la belleza de su tierra. Lo transmite en el poema a través de la visión de grandeza de esas regiones. Narra como si fuera una leyenda, aunque, apenas comenzado, el poema nos sorprende con la reafirmación de la eternidad de la belleza superior.

Las fuentes de la costa[137]
(Los pozos de la costa del océano Atlántico)

Las fuentes de la playa quedaron solas,
los pozos de la costa, inconfundibles para mí,
son muy queridos,
y su amor no es nuevo, sino muy antiguo.
Laueinat[138], Tuf, Sergao, Lekraa, Tertar,
Lemsid[139], Heimer Mah[140], Albachbacha[141]
y Auzerulet, a donde los aguadores iban
como iban al pozo Auzeyigt[142],
los no lejanos eran el destino de los buscadores de agua,
hoy Lekda, Almenhaza, Alkau, Aserfa,
Elarsh ideal, Legnater[143] y Aridal
dejaron de ser el punto de encuentro de su ganado,
quedaron desolados, sin nadie que los transite.
Cuántos rebaños de camellos y cabras había,
cuántos firgan establecidos,
gente de la ciencia y cuna de la grandeza,
donde unos y otros, todos eran iguales,
　　　hoy apenas quedan gentes de las que un día allí vivieron.

Sahel Labiad[144]
(costa blanca)

La Blanca Costa yo no olvido,
me gusta la roja que está a su lado.
Desde la costa hasta este lugar,
todo lo que hay yendo hacia el este, yo lo quiero.
A mi tierra juro en el nombre de Alá,
que sólo a ella quiero, y a ninguna más,
Dios me hizo quererla con pasión,
de este a oeste y de norte a sur.
Toda es mágica para quien la visita,
con la premisa de que sea de su gente.
A mi tierra quiero, no es un secreto,
todo lo que sobre ella quiero decir
es que el amor a la patria pertenece a la fe,
ya esté próxima o esté lejana.

Hil-let Tiris[145]
(los vecinos de Tiris o frig de Tiris)

¡Oh, Glorioso! ¿Qué tal están hoy en Tiris sus vecinos?:
Leyuad, Eiy, Batn Alcalba y la frontera de Tadaruret,
la morada que está entre Tadaruret y Auserd,
cuyos montes a simple vista se divisan ya?.
¿Qué tal se encuentra la morada que está enfrente,
que no olvido y que es hermosa?:
Derramán, Laglat, Uad Eyenna y el modesto Awarek,
aquella Lehreisha y Bulautad,
y desde allí hasta Timizguin,
Um-Ergueiba, hogar del recuerdo
y su homóloga, la otra Timizguin,
Inal Enzaran, Laarad, Tichla y sus dos gemelos,
nunca han perdido su belleza,
como los valles de Lehueida,
estoy seguro que es bella esa tierra
cuyo amor en mí se extiende, y su cariño aumenta.
Sé que en épocas pasadas
era un lugar de abundancia, de gente sublime,
 se quedó vacío de todos los que allí,
                              muchos años atrás, vivieron.

Sreibit Uld Ahmeidali[146]

Esta morada que es toda belleza,
donde habitaba mi familia, era mi hogar,
Layuad, los montes de Sheirub
y Sreibit Uld Ahmeidali.
Tiris es la patria de mis antepasados,
lo tengo confirmado, sin discusión,
a Tiris conozco desde mi infancia,
este espacio donde ahora me encuentro
me recuerda los días en que mi familia
se encontraba al sur de Lashuaf,
unas moradas tenían a los pies
del que queda más al norte de los montes de Jairala.
Mis recuerdos a ellos se asomaron,
mis lágrimas cayeron veloces
recordando la belleza de la tierra,
evoqué aquella abundancia
que nunca había menguado en el pasado,
y hoy, «despertando mis dolores»[147],
sus «ramas me extiende»[148] hasta aquella época, ya no volverá,
menos en este gaf y este poema que me devuelven el pasado.

Laruiyat[149]

Oh, espíritu, llora, no te prives
porque el llanto no se ha de ocultar,
la cabeza alta, no cabizbajo,
llora de alegría, nadie te lo va a reprochar.
Pasear en Laruiyat,
esparcidas como lunares en las mejillas de *Azefal*[150],
sus colinas y sus dunas, como granizo,
blancas; genuinas dunas de Azefal,
los costados y las fachadas
de las moradas de los montes de Tiris.
¡Oh, Eternidad! Después que viviste
en *Azakrur, Adam Rih*[151] durante largos años,
tras mucho tiempo de ausencia, hoy regresas,
sobre las ruinas te detienes
a contar uno a uno los montes de Tiris,
tus lágrimas se derraman
porque todo lo bueno que en ella conocías
nunca va a regresar.

La vida es un hogar temporal

Rompí a llorar cuando llegamos al lugar
en el que un día nos instalamos en el verdor,
aquel tiempo era una preciosidad
donde había rebaños y manadas de animales.
El lugar de los firgán estaba desamparado
como si por él nunca hubiera paseado un alma,
como si nadie jamás habitara esos lares,
por los designios del Glorioso
ya no queda nadie que cuente lajbar,
todos los que lo habitaron han desaparecido,
el destino hizo lo que quiso,
el tiempo va alternando momentos dulces y amargos,
la vida es un hogar temporal.

Epílogo

Cuando hablamos de Sidi Brahim Salama Eydud, nos encontramos con una personalidad singular digna de destacar, atravesada por un sinfín de aptitudes que lo convirtieron en un verdadero líder. Su compromiso sólido en la lucha por la autodeterminación del pueblo saharaui, junto con la construcción nacional, le honran. Podemos afirmar que, además de ser un destacado poeta, es un erudito revolucionario formado través de la experiencia. Su talento se ha ido puliendo con las dificultades vividas, conformando un carácter y liderazgo que sobresalieron desde su más temprana edad.

A pesar de la dureza de las condiciones de la naturaleza, él consiguió establecer un diálogo fértil con ella y tejer sobre sus estaciones cambiantes poemas que sólo él podía escribir. En ellos plasma su experiencia de vida y defiende la causa nacional con la que se comprometió. Con su poesía ha ido respondiendo a todo el que ha intentado cuestionar su legalidad, así como cantarle a la nación sus glorias en todas y cada una de las fiestas y aniversarios nacionales.

Su poesía se destaca por su carácter nacional y su sobresaliente fervor. Sidi Brahim Salama se sirve de un lenguaje claro, directo y accesible. Utiliza un lenguaje sarcástico, burlesco y mordaz cuando sus poemas se dirigen a la fuerza agresora y ocupante; sus expresiones están llenas de una gran imaginación poética, usando expresiones claras y directas. La métrica exacta está envuelta en una retórica que confirma una genialidad brillante. Evidentemente, la traducción o traslación al castellano dificultan la percepción de estas características poéticas.

Sobresale por su personalidad como poeta disciplinado, intelectual, que consagra su talento con dignidad y lealtad a una causa justa.

En la época que la estrella de Sidi Brahim comenzaba a brillar, la poesía en hasanía vivía una etapa de decadencia y aislamiento dentro del pueblo saharaui, debido a las políticas coloniales que se esforzaban en mantener la ignorancia, silenciar y combatir la transmisión, eliminar la continuidad de la poesía entre las generaciones más jóvenes. En este contexto, el papel de Sidi Brahim y de otros poetas destacados, fue visibilizar, sacar a la poesía en hasanía de ese colapso. La habilidad y capacidad para reproducir significados hace posible transformar las palabras en un lenguaje natural, directo, sin complejidad, que llega a los receptores con sencillez y facilidad. El poeta logró rescatar la poesía saharaui del ostracismo y del aislamiento, devolviéndola a los asuntos cotidianos de la vida en los diferentes medios y espacios, independientemente del nivel cultural.

Todo esto lo consiguió a través del uso de un método directo, sin maquillajes, usando los significados exactos de las palabras, mostrando una enorme facilidad para elegir los vocablos sencillos, cercanos al espíritu y habla del pueblo.

Desde entonces, hasta la actualidad, la sociedad saharaui se ha apoyado en la poesía para transmitir y recibir información, para registrar los hechos y sucesos históricos. La poesía popular, junto con las narraciones y leyendas populares, jugaron un papel importante en el registro y archivo de la historia de la sociedad. La poesía en hasanía era y es la portavoz de la situación de la sociedad, se transformó prácticamente en el único medio para la circulación y transmisión de mensajes, opiniones posiciones literarias y pensamientos culturales del momento. Se convirtió en el vehículo de comunicación entre las generaciones. La poesía y las narraciones populares ocupan un lugar prestigioso en los campos de la cultura, la información y el entretenimiento para la gente, que suman a otras funciones conocidas de la poesía, como las loas, la sátira, la gesta, la elegía, la descripción, las añoranzas y las arengas de la lucha.

De esta manera la poesía popular se convirtió en el único medio de difusión cultural para orientar a la sociedad y conformar la opinión general. La gente intercambia poesía, la canta y recita de manera individual y colectiva. La poesía saharaui ha evitado que la cultura saharaui desaparezca frente a los intentos del colonialismo por ocultarla. Se le atribuye el papel de haber mantenido la lengua hasanía como un elemento prioritario de la cultura saharaui; además de su papel documental registrado, tanto de las batallas de la guerra, como de los importantes sucesos de la historia de la sociedad saharaui.

La poesía saharaui estuvo presente en el comienzo de la lucha armada con el objetivo y la función de convencer al pueblo para levantarse, combatir al colonialismo español primero y la invasión marroquí después, desenmascarando a sus infiltrados y sus métodos subversivos.

La poesía también acompañó a las diferentes etapas de la lucha del pueblo saharaui, su combate por la libertad y la independencia; al mismo tiempo constituyó un marco seguro para la conservación del patrimonio, los valores y la moral de los saharauis. En conclusión, la poesía saharaui es el puente de comunicación entre el pasado y el presente.

Reseña biográfica del poeta Sidi Brahim Salama

Juan Ignacio Robles Picón

Sidi Brahim Uld Salama Uld Eydud nació el 3 de febrero de 1936, llamado año del ratón, en Tiyar Alhemeir, en la zona de Greid Diba (duna del chacal), situado al noreste de Dajla y noroeste de Bir Anzaran.

Su padre, Salama Eydud, beduino y comerciante, fue también un gran poeta que ejerció una enorme influencia sobre su hijo. Con profundo respeto y emoción, Sidi Brahim Salama, nos cuenta en su jaima que su padre estaba enrolado en un ghazzi que se llamaba Ghazzi Legseib, en 1928 más o menos, en todo caso antes de la muerte de Ali Meyara. El ghazzi estaba bajo el mando de Lemjailil Uld El Alem. Todos ellos cargaron contra una compañía de las tropas francesas en las fronteras de Mali, sin embargo, la sed les hizo mella durante el camino de vuelta; quien pudo salvarse se salvó, pero algunos murieron. Los franceses lo detuvieron a él y a Brahim Mulay Hamadi. Pasaron cuatro años en una cárcel entre Bamako, Nuara y Kisdangui.

El último año, los jefes de tribus saharauis que trabajaban del lado de Francia, les dijeron que los iban a liberar, si bien cada uno tenía que pagar cuatro camellos como indemnización. La gente hizo una colecta, consiguieron los cuatro camellos, los entregaron en Atar y fueron liberados en el año 1934.

En la cárcel, el padre de Sidi Brahim Salama, Salama Eydud, componía poesías y se las enviaba a su amigo Yedehlu. Las hacía llegar de forma oral a través de las visitas que recibía en la cárcel. Uno de estos gaf relata la situación que vivía en prisión:

A la familia hazle llegar
mis saludos y en especial a Yedehlu
que estoy bien. [...]
Me dicen que pronto estaré libre,
uno de estos días
volveré a pasear por Atar...

Cuando salió de la cárcel, Salama Eydud no quiso saber nada más de política. A partir de entonces se dedicó a pastorear, estudiar y enseñar la religión.

La madre de Sidi Brahim Salama se llamaba Lehdía Elbu, también poetisa reconocida. De aquel tiempo son algunos versos románticos que compuso su padre y que hoy son patrimonio poético del pueblo saharaui:

Para todas las mujeres
atado se encuentra mi potro,
gracias a Dios que estoy
con la madre de mi niño.

Sidi Brahim Salama fue el mayor de cuatro hermanos. Todos ellos fueron instruidos por su padre, que les enseño el Corán. Sidi Brahim Salama empezó a leer y memorizarlo con ocho años, mientras pastoreaba los camellos de la familia. Los hermanos menores se encargaban de las cabras. El hijo mayor suele asumir la responsabilidad del pastoreo de los camellos que no tienen miedo de chacales y zorros por lo que el pastoreo con ellos se puede realizar a más distancia, mientras que las cabras tienen que estar más cerca de las jaimas, porque son más vulnerables al ataque de depredadores. Así nos lo contó, rememorando aquellos tiempos, el propio poeta.

Como muchos de los niños saharauis de aquel tiempo, por la mañana salía a pastorear con sus tablillas de madera (louh) y unos versículos coránicos escritos en ella; al volver cada noche a la jaima tenía que recitarlos delante del padre. Además de las enseñanzas religiosas, Sidi Brahim y sus hermanos aprendieron de su padre la vida beduina propia de la sociedad saharaui: les enseñó a pastorear, a cultivar y a cazar el avestruz, la gacela y el antílope con un arma que poseía la familia. La carne complementaba su dieta a base de leche de camella, y los productos derivados de la caza, pieles, marfiles, plumas, etc, servían de intercambio en los mercados limítrofes de la badia.

Su padre les enseñó también algunos preceptos fundamentales de la sociedad beduina saharaui: No hacer mal a nadie sin motivo; también aprender a defenderse. El padre mencionaba un refrán que Sid Brahim siempre tuvo presente, y que explica esta última norma beduina: «al que te muerde y no lo muerdes cree que no tienes dientes».

El frig se establecía allí donde se encontraba agua y pasto hasta que se agotaba. En ocasiones, las cabras se acostumbraban a una zona y cuando todo el frig partía, una familia podía quedarse algo más de tiempo cuidando el rebaño. La familia obtenía de esta forma los productos necesarios para su subsistencia; otros productos como algunos tejidos se adquirían a través del intercambio en mercados de zonas limítrofes de Marruecos, Argelia y Mauritania. En el Sáhara Occidental no había grandes mercados, salvo los puestos comerciales que la administración colonial española había ubicado desde el siglo XIX en la zona costera.

El año 1946, cuando Sidi Brahim Salama contaba diez años de vida, una severa sequía azotó el sur del Sáhara Occidental y obligó a su familia a desplazarse hacia el Norte, fuera de su territorio de pastoreo tradicional, concretamente hacia la zona sur de Marruecos del Uad Nun. Durante cuatro años la familia de Sidi Brahim Salama pastoreó en esta zona. Un día, su padre le pidió que intentara escribir un par de versos, quería ponerle a prueba. Se fue con el rebaño de camellos y volvió por la noche con un par de versos:

Pastoreo en Eder y allí están dos colinas,
una montaña donde discurre el agua.
Pero antes que ellas prefiero Um Druss, Anayim y Lahwashi.
He visto olivos y palmeras, —¡qué vista más fea!—
antes prefiero el paisaje de Edjal, Lemseil y Legraitifa.

Estos fueron los primeros versos que escribió, contaba 13 años. Por la noche entregó a su padre los dos versos, él los leyó, le gustaron, pero al mismo tiempo le recomendó que no pusiera mucho interés en escribir poesía hasta que tuviera 40 o 45 años. La intención del padre era proteger a su hijo de la envidia y del mal de ojo. Sidi Brahim Salama siguió el consejo de su padre y no volvió a componer poemas hasta el año 1990, con motivo de la celebración del 20 aniversario de los trágicos sucesos de Hatarrambla (Zemla, El Aaiún)

En 1950, año llamado del Siroco rojo, murió su madre, en Tigmert, cerca de Guelmim. Al final de ese año regresaron al Sahara instalando el frig familiar en la zona de Tiris, concretamente en Lehdab y Lehyar. En esta zona permanecieron varios años, hasta 1958.

Ese año, marcado en la historia del pueblo saharaui, tuvo lugar la operación militar conjunta franco-española «Teide» o «Écouvillon» contra el llamado Yeish Tahrir, Ejército de Liberación compuesto por guerrilleros saharauis y grupos meharistas del ejército de liberación marroquí que hostigaban a los ejércitos coloniales de Francia y España desde la independencia del reino de Marruecos en 1956.

La población beduina saharaui sufrió ataques aéreos indiscriminados. Los aviones ametrallaron masivamente los rebaños de camellos, entre los cuales, los militares españoles y franceses sospechaban que se escondían milicianos saharauis. La familia de Sidi Brahim Salama sufrió los bombardeos de los aviones en las cercanías de Auserd, perdiendo en este trágico episodio todas sus crías de camello.

Ante esta desgracia, la familia tuvo que abandonar la vida beduina. La penuria económica obligó a Sidi Brahim Salama, como primogénito y de acuerdo con su padre, a alistarse en las Tropas Nómadas del ejército español en 1959. Otros miembros de su familia se vieron también obligados a incorporarse a la vida urbana, trabajando en empresas como Cubiertas y Tejados, dedicadas a la construcción de las nuevas infraestructuras que exigía la sedentarización de la población y la explotación de los recursos mineros del Sáhara Occidental en estos años.

La presión de las autoridades españolas para hacer sedentarios a los saharauis «política de tierra quemada» (Antología de la poesía nacional saharaui P.185 primeras dos líneas), y las circunstancias adversas, fue vivida de forma similar por las familias de Sidi Brahim y las de otros dos poetas de «esta colección», Alal Daf y Jadra Mabruck. Las tres familias tuvieron que abandonar la vida en la badía, trasladarse a la ciudad del Aaiún, incluso los padres de los poetas Sidi Brahim y Alal Daf se vieron obligados a trabajar para la misma empresa, «Cubiertas y Tejados». (Ibidem. P 185. cita de Alal). De igual forma y posteriormente, el propio Alal Daf, cuando ya había muerto su padre y tenía la responsabilidad de mantener a la familia, tomó la misma decisión y fue a trabajar a la ciudad (Ibidem P. 185).

Cuenta Sidi Brahim Salama, que este cambio de vida obligó a todos los miembros de la familia a someterse a un horario reglado bajo el control de la autoridad colonial; sin embargo, el deseo de continuar con la vida nómada, de ser y sentirse libres, permaneció vivo en todos ellos; de hecho, la intención de la familia era comprar ganado con el salario que ganaran para volver nuevamente a la «vida de movimientos» que amaban en la badia.

En este período, el padre de Sidi Brahim, Salama Eydud, se vio envuelto en una famosa controversia poética y literaria, a cuento de la diferente valoración sobre la sedentarización y cambio de costumbres que estaba experimentando la población saharaui. Uno argumentaba poéticamente a favor de la sedentarización como puerta abierta hacia la modernización del pueblo saharaui. El otro entraba en la controversia poética, argumentando que la sedentarización suponía un cambio de vida que ponía en peligro las tradiciones inmemoriales y las buenas costumbres del pueblo saharaui.

En 1960, un año después de entrar en la escuela militar de Smara, Sidi Brahim Salama fue destinado a la tercera compañía de Tropas Nómadas. Era una compañía civil que trabajaba en las fronteras, no era estrictamente una compañía militar, si bien tenían armamento. La misión de la compañía era controlar la línea fronteriza con Marruecos, desde el Este «Sehb Greibil» hasta «Weinseluan». La compañía estaba entre Sbeg, Sehb el Nbeg en el Aaiún, operando hasta Weinseluan en Mahbes.

Ese mismo año, 1960, Sidi Brahim se casó en Hausa con Agaila, hija de Mohamed Embarek uld Hafed. Su boda fue sencilla: se mató una cabra, hubo azúcar, telas, alfombras y el vestido de la novia. Hubo acuerdo entre las familias y entre los contrayentes, por eso, según opina Sidi Brahim, «el matrimonio ha sido duradero». De aquella unión nacieron 8 hijos entre 1964 y 1981.

En la tercera compañía de Tropas Nómadas, Sidi Brahim trabajó como intérprete, mejorando su dominio de la lengua castellana hasta lograr un destino de oficina en la administración colonial.

Tras 10 años de servicio, a principios de 1970 pidió un permiso para descansar junto a su familia en Tinwaka, en Bir Nzaran. Al quinto mes volvió a El Aaiún, donde se encontró con amigos que estaban trabajando por la extensión y consolidación del primer gran movimiento nacionalista propiamente saharaui, la OALS liderada por Basiri Mohamed uld Hach Brahim uld Lebsir.

Según cuenta el propio Sidi Brahim Salama, «un día vino a la casa Budda Uld Ahmed Hamad, un médico que en ese momento trabajaba con nosotros en el dispensario, era amigo mío y me pidió que le acompañara porque estábamos invitados en una casa, en realidad no era una invitación sino una cita con una persona que se llama Basiri, que buscaba a saharauis que trabajaran en la administración española y que pudieran suministrar información a la Organización:

«Basiri nos invitó a pasar, entramos, encontré una persona con una barba bien afeitada, tenía una cara muy serena e iluminada... tenía un cigarro en la mano. Me explicaron por qué se había formado ese movimiento. Me dijeron que, debido a la independencia y las revoluciones de los países de alrededor, nosotros también debíamos movilizarnos con el fin de lograr nuestra independencia. Le íbamos a pedir la independencia a España, al igual que todos nuestros vecinos lo habían hecho. Querían negociarla poco a poco. Plantearemos nuestra política de igualdad entre los colonialistas y el pueblo, –dijo Basiri- también la igualdad a la que aspiramos entre nuestro propio pueblo. La igualdad y la justicia social entre el sector militar y el sector civil.», nos contó Sidi Brahim.

Tras jurar sobre el Corán, Sidi Brahim Salama se unió a la Organización. Basiri le sugirió que abriera una oficina clandestina en Hausa. En pocas semanas logró tal número de adhesiones que Basiri le dijo que, a ese ritmo, «iba a convencer hasta a las piedras». A los pocos días fue delatado por un chivato, y por lo tanto, puesto al descubierto ante la administración colonial:

«[...] Sacó una lista, la dobló y mostró sólo mi nombre, dijo: «¿éste es tu nombre y apellido? Sí, respondí». Tú y los demás –me dijo-estáis metidos en una organización de un movimiento al mando de Basiri». El teniente Garrido me tenía mucha confianza. Le dije que era simplemente un movimiento que iba a pedirle unos derechos a España. Es un movimiento de paz, nada más. Cuando volvimos a Hausa me pidió que le acompañara a Gobernación, que estaba en El Aaiun y que le hiciera el favor de hacerle un contacto con Basiri para negociar esas peticiones; decía que las veía razonables.»

Sin embargo, las negociaciones entre la Organización y la Gobernación General no prosperaron. Este desencuentro desembocaría semanas más tarde en los trágicos sucesos del barrio de Hatarrambla, El Aaiún, el 17 de junio de 1970.

A causa de esta implicación en la organización de las manifestaciones por la independencia del Sáhara ante los enviados de Naciones Unidas, Sidi Brahim Salama fue trasladado a la zona de Guelta:

«[...] Llegamos a El Guelta. Encontramos a Najma uld Yumani y al ya fallecido Deish Uld Mhaimid Ala, que nos abrió su casa. Él era el sargento y dijo que el mando estaba bajo el Coronel Valero, pero quien dirigía allí y quien mandaba era él. Tenéis toda la libertad de moveros donde queráis, pero no hagáis nada que no 'convenga'. Nos íbamos a cazar gacelas y las traíamos con nosotros. Teníamos que presentarnos una vez a la semana en el cuartel de policía. El día 6 de enero llegó un informe con la orden de ponernos en libertad. El sargento nos soltó y nos dijo: «bueno, no repitáis el gamberreo...».

Sin embargo, Sidi Brahim Salama tuvo muy presentes las últimas palabras que les dirigió Basiri seis meses antes en el Aaiún:

«[...] Puede que yo muera o bien desaparezca, pero tenéis que ser como un solo hombre y seguir el camino...»

En octubre de 1973 Sidi Brahim Salama empezó a trabajar como secretario y traductor del Frente POLISARIO en Echederia.

La invasión marroquí del territorio a través de la Marcha Verde sorprendió a Sidi Brahim Salama y su familia allí mismo, en Echederia. Al igual que gran parte de la población saharaui, se vieron obligados a huir a pie hasta el río Eirni, cerca de Tifariti. El Frente POLISARIO mandó unos coches que les permitieron trasladarse bajo los bombardeos de la aviación real marroquí hasta los actuales campamentos de refugiados de Tinduf, en territorio argelino. Sin embargo, parte de la familia, entre ellos su padre Salama Eydud, permanecería en los territorios ocupados.

El 10 de mayo de 1976 se constituía administrativamente la wilaya de Smara en los campamentos de refugiados de Tinduf. Sidi Brahim Salama fue nombrado su primer secretario. Un año después, en octubre de 1977 entraba en la Escuela Militar «12 de Octubre»; tras graduarse fue destinado como secretario en la daira de Echederia hasta 1983. Posteriormente fue trasladado a la daira de Bir Lehlu.

La ocupación del territorio y la guerra contra Marruecos ha dejado profunda huella en la vida de Sidi Brahim Salama. Su hermano Halil murió el 10 de julio de 1986, en el combate de Zeyiat. Sus hijos viven actualmente en la Wilaya de El Aaiun, en los campamentos de refugiados de Tinduf. La salud de su hermana Aminatu se vio tan quebrada en el camino al exilio que murió en 1976 durante el parto de uno de sus hijos, que también murió poco después. El resto de sus hijos viven también en la wilaya de El Aaiún en Tinduf.

El padre de Sidi Brahim, Salama Eydud, murió en 1993. Habiendo estado separado de Sidi Brahim durante casi veinte años, quiso ser enterrado en el cementerio del Campamento de refugiados saharaui, Wilaya El Aaiun.

En sus últimos años, el padre dejó de lado la composición más mundana y fue orientándose a los poemas de temáticas mística:

Para mí ya es un deber
hacer una exhortación compasiva,
en la mosca una cana ha salido
y cincuenta años he cumplido .

Otro de los poemas que a buen seguro marcarían la composición poética de Sidi Brahim, fue el que en 1974 compuso su padre, también de temática mística o de añoranza:

A Dios estoy agradecido porque la hierba
se extendió en mi tierra y de añil se han teñido
las elevaciones de Tinyekred, Jneig Alfaá,
la sierra de Saken y la loma de Taguilalet .

Cuando su padre murió, Sidi Brahim Salama comenzó a sacar a la luz sus composiciones poéticas, ocultas hasta el momento tras el consejo que su padre le diera casi cuarenta años antes cuando Sidi Brahim Salama apenas era adolescente. Desde entonces ha volcado su actividad en la composición poética.

En 1998 comenzó a colaborar con el Ministerio de Cultura de la República Árabe Saharaui Democrática (RASD) como poeta nacional. Es pensionista por haber estado más de 10 años trabajando para el Estado español.

En los campamentos de refugiados de Tinduf, en el exilio de la hamada argelina, sigue desarrollando su labor creadora como poeta comprometido con la liberación nacional del pueblo saharaui. Gran parte de su obra poética está dedicada a los territorios por los que ha discurrido su vida, cantados desde la nostalgia, la ausencia y la reivindicación política y nacional. Otra parte de su obra está dedicada a la conmemoración de la Revolución saharaui y sus diferentes episodios de guerra, esperanza y actual resistencia e intifada.

Equipo y dinámica de trabajo

El trabajo de colaboración entre las y los investigadores del Ministerio de Cultura de la RASD y las y los estudiantes y profesores de Antropología de la Universidad Autónoma de Madrid se ha dado en varias fases y niveles, siempre bajo la dirección de Juan Carlos Gimeno Martín y Mohamed Ali Leman y con el estímulo, impulso y apoyo permanente de la que fue ministra de Cultura saharaui, Jadiya Hamdi. Las distintas fases del proyecto se han desarrollado entre 2003 y 2020. El tiempo y las formas de trabajar han creado un clima de confianza y cooperación que ha hecho posible este trabajo. Nosotros apostamos por los trabajos de largo aliento, esta antología es un resultado que muestra las posibilidades de este tipo de trabajo.

Las fases del proyecto incluyeron sucesivamente: en primer lugar, un proceso de acercamiento y formulación del proyecto; en segundo lugar, la formación de equipos mixtos (saharaui-españoles) para la recolección de la poesía de cada poeta y la realización de sus historias de vida. Las conversaciones a lo largo de todos estos años alimentan los textos escritos. En tercer lugar, la modificación y aplicación de las metodologías de recolección utilizadas a la recopilación de la memoria oral del pueblo saharaui, por parte de nuevos investigadores saharauis y estudiantes de antropología; en cuarto lugar, la traducción al castellano de la poesía en hasanía, tarea realizada por los poetas saharauis de la Generación de la Amistad, cuya producción literaria y poética se desarrolla en español.

En estos últimos años, el Ministerio de Cultura saharaui ha editado, en la lengua, árabe-hasanía diecinueve volúmenes que recogen la poesía de otros tantos poetas. Nuestro compromiso es traducir al Ministerio de Cultura estos volúmenes al español.

En el grupo que trabajó conjuntamente en la recopilación de la producción poética saharaui, su edición en árabe-hasanía, su traducción y recreación en castellano se encuentran en primer lugar. el grupo de poetas nacionales, compuesto por: Badi, Beibuh, Alal Daf, Ljadra Mint Mabruk, Sidi Brahim Salama Eydud, Bachir Ali Abderrahaman, Ahmed Mahmud Uld Omar, El Husein Moulud, El Hasin Brahim, Zaim Alal, Bunana Buseif, Mustafa El bar y Jadiyetu Mint Aleyat.

El equipo de investigadores e investigadoras saharauis, bajo la coordinación de Mohamed Ali Leman, y el apoyo hasta su fallecimiento de su estrecho colaborador, y nuestro amigo y colega Hosein Embarek Lehbib ha estado compuesto por: Brahim Mohamed Ali (recopiló la poesía de Badi); Mohamed Salem Mohamed El Bachir y Mohamed Ghali Daha (recopilaron la poesía de Beibuh); Zaim Alal Daf (participó en la recopilación de la poesía de Ljadra Mint Mabruk, de Alal Uld Daf, de Ahmed Mahmud Omar y de Jadiyetu Aleyat); Zeinab Mohamed Eshebel (recopiló la poesía de Sidi Brahim Salama Eydud y de Alal Uld Daf); Daha Ahmed Mahmud Omar, y El Kori Abeid (participaron en la recopilaron la poesía de Ahmed Mahmud Omar); Abdulah Mohamed El Mami Abderrahman (recopiló la poesía de Hosein Moulud Mohamed Salem); Mohamed Ahmed Mahmud Sidahmed (recopiló la poesía de Mustafa El Bar Abdedayem); Jatri Zein (recopiló la poesía de Hosein Brahim); Mohamed Ali Leman (recopiló la poesía de Mamdi Alal Daf, alias Zaim); Yeslem Mohamed Moshnan (recopiló la poesía de Bunana Abdelhay Ahmed Buseif).

Entre los colaboradores españoles, y bajo la dirección de Juan Carlos Gimeno Martín y Juan Ignacio Robles Picón, participaron en las distintas fases del proyecto los siguientes investigadores del Departamento de Antropología Social y Pensamiento Filosófico Español de la UAM: Luis Martín Pozuelo y Elena Hidalgo (2004-2009) en la formulación del proyecto «Cuéntame Abuel@» y la realización de las primeras historias de vida que sirvieron de experiencias para desarrollar una metodología particular de elaboración de historias de vida en el Sahara. Su participación fue clave al recoger una primera versión de la historia de vida de Zaim Alal. Teresa Aragüés, Fátima García, Antonia Martín, Víctor Moral y Picón José Luis Quirós (en el curso 2010-2011) y Víctor Bober, Cristina De Torres, Marta Formoso, Jesús González y Gemma Mellides (curso 2011-2012) realizaron catorce historias de vida en el proyecto «Cuéntame abuel@» (entre ellas las de los poetas: Beibuh, Sidi Brahim Salama, Ahmed Mahmud Omar, Hosein Moulud y Bunana Buseif, que han contribuido al relato de las historias de vida de estos poetas). La historia de vida de Ahmed Mahmud Omar, debe mucho a la pluma de Fátima García, Víctor Moral y Jose Luis Quirós. Teresa Rotaeche (2015-2016), Andrea Camila Peñaranda Núñez, Ana del Rosario Moreno y Julia Vaquero Geiger (2017-2018), Claudia Rodrigo, Clara Rivero Plaza (2018-2019), realizaron también historias de vida en el proyecto «Cuéntame Abuel@». Eleonore Herranz, Mireya Llamas, Juana Sánchez y Francisco Javier Chiloeches (2016-2017) hicieron un excelente trabajo revisando una versión anterior del borrador de esta antología poética, así como revisaron las traducciones de los trabajos de algunos de los poetas (Badi, Mustafa El bar, Jadiyetu Aleyat, Bunana Buseif). Claudia Rodrigo y Clara Rivero Plaza (2018- 2019) realizaron una primera revisión de la producción poética de Beibuh, y Miguel Gómez Jiménez (2018-2019) de la poesía de Bachir Alí. Nuestro profundo reconocimiento al trabajo de estas personas, amigos y amigas, discípulos y maestros, y el agradecimiento a todas ellas. Una consideración aparte necesita la valoración del trabajo de traducción/recreación de la poesía en hasanía llevada a cabo por Ebnu, Bahia y Ali Salem Iselmu. El trabajo de traducción de la poesía en hasanía llevado a cabo por esta generación de personas saharauis que se formaron en otros contextos (principalmente como jóvenes profesionales en Cuba y luego en la diáspora en España) ha permitido la recreación de los poemas en un diálogo intergeneracional e intercultural dentro de la sociedad saharaui. Constituye uno de los resultados más bellos de este proyecto que hemos compartido.

Cuéntame, abuel@

Juan Carlos Gimeno Martín y Mohamed Ali Leman

Esta antología del poeta nacional saharaui Sidi Brahim forma parte de un proyecto de recopilación de la poesía oral saharaui compuesta y cantada en lengua hasanía, que se aborda dentro de un proyecto más amplio puesto en marcha en 2007 por la ministra de Cultura de la República Árabe Saharaui Democrática, Jadiya Hamdi, titulado Cuéntame abuel@. Tras largos años de guerra y exilio, la población saharaui, especialmente su juventud, se manifiesta tremendamente sensible al deterioro, olvido y posible riesgo de desaparición de un patrimonio intangible de gran valor vinculado directamente a su historia y cultura. Este patrimonio se halla conservado en las memorias de los ancianos y ancianas saharauis, que muestran a través de los relatos, los cuentos y leyendas, los proverbios y refranes referentes a la vida en el desierto, un profundo conocimiento del territorio que habitan, experiencias personales vinculadas a la lucha anticolonial, sus vivencias y sueños desde el exilio, así como las memorias heredadas de sus mayores sobre el período pre-colonial. Los ancianos y ancianas saharauis, depositarios de este patrimonio, conservan en sus recuerdos y memorias unas ceremonias sociales y métodos de vida, ofreciendo esta delicada herencia a otras generaciones que viven de otros referentes, pero ansiosa de conocer y participar en esas experiencias de su padres y abuelos.

El proyecto Cuéntame abuel@ se presenta con la intención de recuperar, catalogar, conservar y difundir aquellos aspectos del patrimonio cultural saharaui que contribuyan a conocer el presente y el pasado histórico y cultural del Sáhara Occidental, con la finalidad de dirigirse a un amplio público para que conozca y se reconozca en la tradición saharaui. La poesía en una cultura oral, como lo es la cultura saharaui, es un reservorio privilegiado de estas memorias[6].

La sociedad saharaui siempre se apoyó en la poesía para el traslado y la búsqueda de la información y para el registro de sucesos y acontecimientos de la historia, por lo que la poesía popular, junto a las narraciones y cuentos populares, jugó un importante papel en la conservación de la historia de la sociedad. La poesía en hasanía era la voz de la sociedad, de su situación, de su estado de ánimo y un canal de comunicación, en ocasiones, casi el único. Servía para la circulación de información y de la opinión de las gentes, para el intercambio y debate de las diversas posturas literarias entre poetas y entre las familias saharauis y dentro de cada familia (entre las distintas tribus y dentro de cada una de ellas); a través de la poesía circulaban las ideas y el saber entre la gente. El verso, junto a los cuentos y los relatos compartidos alrededor del té, en las jaimas, ha sido el puente de comunicación entre las generaciones. Situó el discurso poético y las narraciones populares en un lugar destacado históricamente en la trasmisión oral de la tradición, y en el campo de enseñanza. Hace más de cuatro décadas, también funciona como eje de trasmisión en los medios de comunicación (la radio y la televisión, saharauis) y para el entretenimiento de la población.

Son funciones conocidas de la poesía saharaui, servir, antes

---

6   Una presentación del proyecto de recuperación de la poesía oral, su metodología y resultados puede leerse en el texto, Juan Carlos Gimeno Martín, Mohamed Ali Leman, Juan Ignacio Robles Picón, Bahia Mahmud Awah, Mohamed Salem Abdelfatah y Vivian Solana Moreno. 2020. *Poetas y poesía del Sahara Occidental. Antología de la poesía nacional saharaui.* Ed. Última Línea. Málaga.

y ahora, para las alabanzas, los lamentos, la descripción y la añoranza. También ha constituido un canto al orgullo familiar y tribal y a la identidad de la sociedad saharaui, así como a su identidad como pueblo. A través de estas vías, la poesía se consagró históricamente en la sociedad saharaui, tanto como hoy lo hace en los territorios ocupados y en los campamentos, como el medio cultural de mayor despliegue para la orientación de la sociedad y para la formación de la opinión pública. La poesía es intercambiada entre la gente y es cantada de forma individual o colectiva.

Durante el siglo XX, en el contexto del colonialismo, la poesía en hasanía contribuyó a conservar la cultura saharaui y evitó su desaparición frente a los intentos coloniales a los que conllevaron la minusvaloración de la cultura saharaui en su enfoque modernizador, que sin embargo no buscaba integrar a la población saharaui que mantuvo en condición de subalternada. La lengua hasanía, en su uso y trasmisión oral, sirvió como medio para la conservación de la cultura saharaui y su reproducción en el contexto colonial[7]. La poesía en hasanía

---

7   Ebnu denuncia el escaso interés durante el colonialismo que España mantuvo sobre la poesía saharaui, en forma general sobre su cultura. Julio Caro Baroja en cambio reconoció su importancia para la sociedad saharaui (Caro Baroja, Julio, 2008). La poesía, apenas no sufrió influencia externa, «continuó su viaje en su tradicional vehículo, es decir, de boca en boca y anidando en la prodigiosa memoria de bates, cantores y de los amantes de la poesía». Aún hoy, señala Ebnu, la poesía saharaui mantiene su forma clásica, tal como ha explicado el poeta Alal (en Gimeno Martín, J.C. Ali Leman, M. Robles Picón, J.I et al. 2020. *Poetas y poesía del Sahara Occidental: Antología de la poesía Nacional saharaui. Última Línea*): «No ha variado a lo largo de los años, la rima y la métrica no han sufrido cambio alguno y el contenido sigue siendo prácticamente el mismo, poesía religiosa, didáctica y educativa, poesía romántica, poesía de la tierra o de la nación. Es esa tierra que adquiere la dimensión de patria con la revolución y la lucha por la autodeterminación. De ahí que la poesía saharaui en hasanía se mantenga y a la vez surja como una nueva poesía patriótica y revolucionaria con el comienzo de la lucha de los saharauis por la independencia». (Ebnu, 2003)

constituye una biblioteca que incluye la botánica, la meteorología, la astronomía, la geografía, la historia de la región del Sahara. Contiene también un manual de usos y costumbres y de los valores que conllevan, así como de las formas adaptativas a un medio donde la vida puede ser difícil, individual y colectivamente (Gimeno Martín, Juan Carlos, 2011)[8]. Por esto, entre los saharauis la palabra dada es sagrada y debe ser respetada[9]. Si la palabra es importante, la voz con la que se pronuncia adquiere un lugar significante. Porque es a través de la voz que la poesía habla.

La poesía además ha acompañado las diferentes etapas de lucha del pueblo saharaui, su combate por la libertad y por la independencia. La poesía ha estado presente desde que comenzó la lucha armada y se le encomendó la tarea de formar la conciencia política en la población para enfrentar al colonialismo español y a la invasión marroquí después, también poner al descubierto a sus agentes y a sus métodos de destrucción.

Durante la confrontación del pueblo saharaui con los invasores marroquíes y mauritanos, la poesía oral saharaui tuvo un importante papel en el registro épico de las batallas, para alentar a los combatientes saharauis e instar al combate, registrando estos hechos, como lo ha hecho en otros tiempos,

---

8   8º documental. Gimeno y Robles. «La trasmisión oral», en el proyecto dirigido por José A. Rodríguez Esteban (2011), España en África (Recurso electrónico la ciencia española en el Sáhara Occidental, 1884-1976) / Madrid: Calamar Ediciones.

9   El valor excepcional, sagrado, de la palabra puede valorarse en un pasaje de la entrevista que mantuvimos con el poeta Bachir Ali Abderraman en 2011. «El pueblo saharaui se distingue por la generosidad, nos dijo. Antes cuando recibías un huésped y no le dabas de comer tu ya no podía ser testigo fiable ante un juez. Si te presentas con una persona ante el juez y dices que la otra persona ha dejado de dar de comer a un huésped quitas legitimidad a su testimonio y el juez no le deja testificar. Le dirá: «Tú no puedes testificar».

como uno de los acontecimientos más importantes en la historia de la sociedad saharaui.

Los poetas nacionales saharauis, entre los que se encuentra Sidi Brahim, fueron los encargados de animar a los combatientes, informar a la población en la retaguardia de los combates y del heroísmo de los combatientes, contribuyendo al fortalecimiento de la identidad saharaui como pueblo y a la orientación de la sociedad saharaui, estableciendo un diálogo de las raíces beduinas de la sociedad con los nuevos principios de la revolución social impulsado por el Frente Polisario. La poesía oral saharaui constituye así una pieza fundamental para la preservación del patrimonio, los valores y la ética del pueblo saharaui, entablando un dialogo entre el pasado y el presente.

NOTAS:

1. Es un género épico en el que los poetas cantan y glosan los episodios de luchas y enfrentamientos. Se remonta a las gestas de los antiguos ghazzis en el territorio, si bien, los poetas nacionales rescatan en este género las gestas épicas relacionadas con la lucha anticolonial en sus distintas fases, frente a Francia, España y actualmente Marruecos.

2. Este poema refleja el lugar que ocupa, a nivel internacional, la causa saharaui a través del apoyo internacional recibido. Es destacable la considerable participación de personalidades y entidades en todas las celebraciones y fiestas nacionales; el poeta también destaca el papel del Ejército de Liberación Popular Saharaui que se ha convertido en el señor en estas regiones, que ha conseguido recuperarlas al enemigo después de causarle incalculables daños, tanto en la etapa de la lucha armada como en la fase de Intifada pacífica. Esta que ha impulsado de manera clara y hacia adelante la cuestión saharaui; la Intifada, y la llevó a un nuevo escenario que el enemigo, hasta el momento, no ha podido evitar. El poeta reafirma que no habrá tregua hasta que el pueblo saharaui materialice sus anhelos de libertad y rompa las cadenas de la ocupación.

3. Treinta y cuatro aniversario de la toma del cuartel de Aljanga, en el año 1973

4. Luali: Luali Mustafa Sayed, fundador del Frente POLISARIO y líder saharaui caído en combate en los primeros años de la guerra frente a Marruecos y Mauritania.

5. Gandura: túnica militar de color caqui que usaban los militares saharauis integrados en el ejército españolo.

6. Aljanga: zona de Zemur al noreste del Sáhara Occidental. También era un puesto militar español que fue objetivo de la primera acción armada del F. POLISARIO contra el colonialismo español, 20 de mayo de 1973.

7. Trampa de la quinta casilla: en el juego tradicional de damas hay un punto conocido como la trampa del cinco que coincide con el centro del tablero de arena de cuarenta casillas. Para ganar la partida el jugador tiene que alcanzar la línea central o la trampa del cinco antes que su contrincante.

8. Miyek: zona de Tiris, Sahara Occidental.

9. Dispersión de grupos humanos que abandonan su lugar de origen (RAE, 2024)

10. Real Academia de la Lengua Española: «sacudida, agitación», «levantamiento». Insurrección popular palestina protagonizada por los jóvenes frente a las fuerzas israelíes de ocupación.

11. Autonomía: propuesta marroquí para resolver el conflicto saharaui, integrando el territorio saharaui como provincia sur del Estado. Es una propuesta rechazada mayoritariamente por el pueblo saharaui.

12. Umediguen: Lugar donde tuvo lugar una famosa batalla entre guerrilleros saharauis y el ejército de Marruecos. Es una zona de dunas que queda al noreste del poblado de Bir Enzaran.

13. Labeidi: Labeidi Abdsalam, coronel del ejército marroquí que fue capturado por el ejército saharaui.

14. Laruía: varias elevaciones dispersas alrededor de Agüeinit (puesto militar y poblado) en la zona de dunas de Azefal.

15. Larui Bugarn: galb (monte) que pertenece a las elevaciones de Laruía.

16. Gteitira: pequeño pozo de Tiris, que también presta su nombre al monte de Luteid, que es conocido como Uteid legteitira.

17. Admar: monte que se halla al noroeste de Agüeinit.

18. Margaba: monte con una cima fina parecía al cuello de una persona que se encuentra al noroeste de Agüeinit.

19. Leshuaf: grupo de montañas, entre los que se encuentran Leshuaf Albid o blancos, ya que que las blancas y limpias arenas cubren sus faldas. Por el contrario, los Lashuaf Aljedr o verdes, así denominados porque sus faldas están libres de arena. El nombre de Leshuaf hace referencia a la vista, porque si alguien sube hasta sus cimas puede contemplar la mayor parte de las elevaciones y parajes del Tiris en todas las direcciones.

20. Legleya: montes que están al noroeste de Leyuad y se conocen por ese nombre porque en su zona crece en abundancia el arbusto de Legleya.

21. Buhayala: es una montaña que se encuentra al noroeste de Agüeinit y recibe su nombre por la gran cantidad de arena que lo cubre; cuando hace mucho viento, cualquiera sea su dirección, la arena comienza a ascender y descender constantemente por ella.

22. Adekd, L, Algara, Iyeblan, Bualeiba, Legleya, Dejn,Tingafuf: nombres de elevaciones de Tiris (galaba).

23. Leyuad: Zona célebre y sagrada para el pueblo saharaui, salpicada de elevaciones de negro basalto de gran belleza. Los saharauis

dicen que estas elevaciones son como vecinos, son los moradores, son el frig de Tiris, lo más bello y misterioso.

24. Dugsh, Zug: elevaciones de Tiris.

25. Mhamid Algezlan, Gleimim, Asa, Zak, Lemseyed, Tan Tan, Tarfaya: ciudades del sur de marruecos habitadas por muchos saharauis.

26. Este poema se considera como un saludo al Ejército Popular de Liberación Saharaui, por ser considerado el hacedor de las glorias del pueblo, su protector. El poeta representa la voz del pueblo, expresando con sinceridad los sentimientos de la sociedad; el reconocimiento de los logros del ejército. El poeta señala el lugar geográfico donde se localizan las regiones militares del ejército saharaui: la Primera Región en la zona de Dugsh, la Séptima Región en Agüeinit, en Miyek se encuentra la Tercera Región, en la zona de Mheiriz se localiza la Cuarta Región, en Tifariati se Encuentra la Segunda Región, la Quinta Región se encuentra en Bir Lehlu y en la retaguardia se encuentra la Sexta Región militar.

27. Este poema fue compuesto por el poeta con ocasión del trigésimo séptimo aniversario de la sublevación del 17 de junio de 1970, que. El aniversario tuvo lugar en la región liberada de Emheiriz, en el año 2007. Sid Brahim quiso expresar con este poema que la magia y la belleza del territorio fortalecen con la fuerza inspiradora al del ejército de liberación saharaui que lo habita.

28. SAM: misil antiaéreo.

29. Uniendo los vientos y la columna: antigua formación militar: la columna es el centro y los vientos son los flancos. Es una imagen que evoca la jaima con el ejército de liberación: cuanto ataca al enemigo junta todas sus fuerzas, todas sus formaciones.

30. Hatim: Hatim Al-Tai, famoso poeta árabe conocido por su extraordinaria generosidad. Es muy usado el proverbio «más generoso que Hatim» para referirse a alguien generoso, caritativo.

31. En este poema, el poeta rinde un homenaje al Consejo Consultivo de los notables saharauis, y al papel que desarrolló en la lucha por la unidad del pueblo saharaui, así como por a su posicionamiento en las etapas decisivas de la historia del Sáhara Occidental.

32. Identificación de votantes: proceso que realizó la misión de la ONU, MINURSO para seleccionar a los saharauis con derecho a voto en el referéndum de autodeterminación que hasta la fecha no se ha realizado.

33. Consejo de los Cuarenta: Eid Arbaín o Eit Arbaín, consejo que gestionaba los asuntos y la vida de las tribus saharauis antes de la llegada de los Estados coloniales.

34. Ain Bintili: zona mauritana fronteriza con el Sáhara Occidental donde se proclamó la unidad nacional de los saharauis en torno al F. POLISARIO

35. El poeta destaca los logros de los medios de información saharauis, que hicieron llegar la voz del pueblo saharaui hasta las más lejanas fronteras y dieron a conocer la legalidad de la su causa. Todos los medios, tanto los audiovisuales como la prensa escrita, han jugado un importante papel en la lucha por dar a conocer la justa causa del pueblo saharaui. Tuvieron gran repercusión y refutaron la propaganda del enemigo. Además, este gran papel de los medios de comunicación se materializó con el nacimiento de la televisión saharaui. Todos estos logros se consiguieron en condiciones difíciles y con recursos muy modestos.

36. Nagra: grabadora de cinta

37. Sultana Jaya: activista saharaui que ha sufrido reiteradas violaciones de los derechos humanos, a manos de agentes de la seguridad del Estado marroquí.

38. Algalia Gimi: conocida activista saharaui, defensora de los derechos de los saharauis que ha sufrido la cárcel y la tortura por parte del régimen marroquí.

39. Aminatu Haidar: activista, luchadora saharaui que se ha convertido en un símbolo de lucha para el pueblo saharaui por sus enfrentamientos al régimen marroquí defendiendo la libertad y los derechos humanos del pueblo saharaui.

40. Ain: zona en la frontera sureste saharaui mauritana cuyo nombre significa ojo.

41. Lekrá: Yeliat Lekrá: territorio situado en la costa entre Bojador y Dajla. Lekrá significa pie.

42. Draa: región de dunas. Significa brazo.

43. Galb Adat ua Sigán: elevaciones en el noreste mauritano. Galb se refiere a un monte, pero significa corazón. Sigán significa piernas.

44. El mal de ojo es una creencia muy extendida entre los saharauis, pero tiene una particularidad y es que cualquier elogio que se haga, que suele ser en verso, ya sea para una persona, animal o para cualquier cosa se suele interpretar como mal de ojo. La persona que lo hace, suele agregar al elogio la frase «Tbarec-Alá» o sea por la gracia de Dios, de lo contrario se dice que podría provocar daño. El poeta usa otra frase para señalar que su intención es la mejor «el veneno de mi lengua es inocuo» también se dice «mi veneno está bajo mi talón» o sea que sus elogios a la juventud saharaui no son con mala intención, sino que le salen del corazón.

45. Azgarid: sonidos producidos con la lengua con los cuales las mujeres manifiestan júbilo.
46. Bendita sea tu madre; en Hasanía «Muj Lemmak» es una expresión de admiración equivalente a ¡Bravo!
47. Tlá: plural de Talaa, poema.
48. Sabba: composición poética extensa.
49. Guifan: plural de gaf, composición poética breve.
50. Krez: plural de Kerza. Según el poeta Sidi Brahim es la composición poética de mayor extensión en la poesía en hasanía. Es una Talaa extensa y carece del Gaf introductorio. Son muy famosas, recuerda Sidi Brahim, las Krez de Sedum, poeta y músico mauritano.
51. Hamaya: frase rítmica que se repite, cuyo objetivo es el baile.
52. Lashuar: plural de Shoor, palabra o frase que se repite marcando un ritmo musical
53. Beniat: plural de benia. Es una tienda de tela de uso provisional que se arma dentro de la jaima durante la época de frío para proporcionar más calor.
54. Melhfa: vestimenta de la mujer saharaui.
55. Nila: tinte azul oscuro de un tipo de melhfa.
56. Izar: tela, generalmente de color blanco, que la mujer saharaui usa como falda tradicional
57. Sanamana: peinado tradicional de las niñas saharauis.
58. Salama Uld Jdud: importante poeta saharaui y padre de Sidi Brahim
59. Traducimos por cementerio, si bien en la primera traducción realizada por nuestro compañero Ebun Abdelfatah, tradujo raudal, buscando un término que evocara cementerio y alud o cauce, dado que el lugar de enterramiento del padre de Sidi Brahim Salama está ubicado en el cauce del uad al que refiere el poeta. Finalmente, hemos decidido transcribir cementerio para facilitar la lectura y comprensión del poema.
60. Jawi Zauaya: cementerio donde está enterrado el padre del poeta. Se encuentra en el uad llamado Juey Zauaya en las afueras de la ciudad del Aaiún, actualmente es un enorme cementerio. El nombre del uad es conocido por su diminutivo Juey, pero el poeta usa su aumentativo Jawi por razones métricas del verso.
61. Basiri: Mohamed Sidi Brahim Basiri, líder de la sublevación de Zemla en 1970 contra el colonialismo español.

62. Pérez de Lema: José María Pérez de Lema, Gobernador General del Sáhara Español cuando tuvo lugar la sublevación de Zemla, el 17 de junio de 1970.

63. Zemla: Barrio del Aaiún, capital del Sáhara

64. Lemreyat, Jat Ramla, Gdeim Izik: barrios y zonas del Aaiún.

65. Fortín Al candil: cárcel en el faro de Dajla.

66. Guelta, El Bir (Enzaran) Tichla, Bojador, Tifariti: ciudades y pueblos donde fueron encarcelados los principales dirigentes de la sublevación de Zemla.

67. Bachir Lehlaui: primer mártir saharaui en su lucha por la libertad; cayó en combate el 8 de marzo de 1974.

68. Maatala: pozo de Maatala, lugar donde cayó en combate Bachir Lehlaui

69. Ydería: poblado del noreste del Sáhara donde está enterrado Bachir Lehlaui. Fue el primer poblado invadido por Marruecos el 31 de octubre 1975.

70. Mohamed Fadel Ismael: político, periodista y diplomático activo que representó a la República Saharaui en muchos destinos internacionales, fallecido en 2002.

71. El sentido opuesto: «Atiyah Almuaques» programa de debate de la televisión Aljazira donde participó Mohamed Fadel Ismael con un representante marroquí, al que superó con sus argumentos, algo que lo hizo muy popular y querido entre los saharauis.

72. Leshhab: Mohamed Leshhab, analista político marroquí.

73. Aljazira; cadena de televisión de Qatar.

74. Embarek Uld Hamdi Uld Salek Uld Elmahyub: Hamdi Lembarki, mártir de la intifada de la Independencia, murió bajo la tortura de los verdugos del régimen marroquí.

75. Gdeim Izik: región cercana a el Aaiún donde fue enterrado Hamdi Lembarki y cinco años después fue escenario del campamento de la dignidad donde miles de saharauis reivindicaron sus derechos. El campamento fue desmantelado violentamente por las fuerzas del ejército marroquí.

76. Poema dramático de breve extensión en el que se celebra, por lo general, a una persona ilustre o acontecimiento fausto (RAE, 2024).

77. Alkouzar: río del paraíso.

78. Algaada, Izik, Asreifa, Aridal, Aulad Ali, Bilabiad, Aftut: zonas aledañas a la ciudad del Aaiún.

79. Taref Abda: región al sur de Guelta.

80. Uad Bonba, Aglab Kamún, Lekreib, Tishía, Audar, Albagari, Lekreib, Imdiguen: zonas del centro oeste del Sáhara Occidental.

81. Frig: campamento nómada saharaui.

82. Zemur: región noreste del Sáhara Occidental

83. Um-Jaber: pequeña ave del Sáhara Occidental.

84. Adam Rih, Enjeila, Labar: lugares de la región de Zemur.

85. Ishergan: montes que se encuentran al este de Guelta.

86. Shrag, Bishrarek, Um-Erueisein, Ybeilat Albid, Lefkah, Almanhar, Garezrez, Lajdar, Labiad, Um-Ebana: puntos geográficos que se encuentran entre Guelta y Miyek, en el Sáhara Occidental.

87. Miyek: montaña y poblado del sureste del Sáhara en la región de Tiris.

88. Zaazaiyat, Alfarfarat, tartag: elevaciones que rodean a Miyek.

89. Elkirban: montes que se hayan entre Guelta Y BIr Enzaran.

90. Afdayer, Inkraf: montes de Elkirban.

91. Leetaitabi: monte y pozo que se hayan al este de Bir Enzaran.

92. Ahyak: montes situados al lado de Leetaitabi. Lugar de nacimiento del antropólogo y colaborador de este libro, Bahia Mahmud.

93. Gaf: composición poética muy breve.

94. Ariidal, Busgueia, Lehfur, Alminyaa: zonas costeras, entre Bojador y Dajla.

95. Esbeita, Aueitay Yeliet Lekrá: zonas de la costa, Yeliet Lekraa, es una zona conocida con un pozo justo en la costa.

96. Timecrarin, Zueilila: zonas entre Bir Enzaran y Dajla.

97. Bencara, Asetif, Yheifa, Ennil: territorios situados al norte del Aaiún, por la región de Algaada.

98. Greibil: pozo al noroeste del Aaiún.

99. Ennigd: valle que recibe su nombre de un arbusto llamado Ennigd donde crece de forma abundante y que se haya en la región noroeste del Sáhara.

100. Tueinfid, Lemramiz, Lekmin: en los alrededores del Aaiún, por la zona de Dshera.

101. Leereig: diminutivo de Erg, terreno arenoso que se encuentra entre el monte Akzumal y el monte de Miyek.

102. Tershush: pequeño galb situado cerca de Miyek.

103. Udei Ensi: pequeño uad donde la familia del poeta pasó una larga temporada.

104. Aljat: conocido uad que se origina en la zona de Zbeira al sur de Guelta y que se extiende hasta el norte del Sáhara.

105. Agüeidir, Lekreib, Udei Tabalit, Sbey Bueirat, Leauafi: puntos geográficos cerca de Guelta.

106. Ybeil Algara: pequeño monte al suroeste de Guelta.

107. Alfeida: uad corto de arenas blancas.

108. Eteir: hierba que sirve de pasto para el ganado

109. Imim: hierba que sirve de pasto para el ganado.

110. Alfiyad: plural de Alfeida

111. Tidmas, Lehdab, Yanabet Lehyar: zonas aledañas a Guelta.

112. El poeta se refiere a los marroquíes.

113. Firgan: plural de frig, campamento nómada saharaui.

114. Lajdar: Ybeil Lajdar, monte cerca de Guelta.

115. Tinuekanin, Taraklin, Alherish, Legtem: alrededores de Guelta.

116. Uad Um-Ekreid: región argelina fronteriza con el Sáhara.

117. Almahyb: uad cerca de Guelta conocido como Almaftug.

118. Um-Ekreid: zona cercana a Guelta que tiene el mismo nombre de la región argelina donde destaca una montaña por la que sube una pequeña duna, su nombre significa literalmente «la de la dunita».

119. Adam Etalh, Aluidian, Taref Lehdid, Emgueirinat: puntos geográficos del territorio argelino cerca de la frontera saharaui, muy frecuentados por los saharauis en busca de pasto para su ganado.

120. Zemur: región noreste del Sáhara Occidental.

121. Rigua: el poeta se refiere a la sierra de Rgueiua con su aumentativo, su nombre significa «espumita» y el poeta la llama «espuma». Rgueiua se encuentra al lado de Mheiriz lugar conocido por un clima agradable y con abundante agua donde se han asentado muchas familias saharauis procedentes de los campamentos de refugiados.

122. Lajbar: noticias.

123. Ayahfun, Alfeid Aueinat, Loutad, Uad Ettin, Bulehbar, Aguenz: zonas de Zemur alrededor de uad Mheiriz.

124. Rubaía, Alwarwar: antiguos fusiles, muy usados por los saharauis.

125. Año de Argad: año del sueño, correspondiente a 1928

126. El poeta se pasea por distintos lugares de la zona de Smara, por los que, en su adolescencia y juventud estuvo pastoreando el ganado y

146

que conoce como la palma de la mano. «No hay un lugar contenido en un verso en el que no haya estado» afirma el poeta.

127. Lehdeb: lugares entre Guelta y El Aaiún.

128. Tayaret, Agueidat Alguizlan, Luy Alwatat, Lemyeihida, Tiñerat, Shalja: lugares que se hayan entre el Aaiún y Guelta.

129. Amat Ekreid: el poeta se refiere a Um-Ekreid, utilizando el plural «las de la dunita».

130. Leksheiwat, Esiken: alrededores de Smara.

131. Legseiat: zona cerca del Aaiún conocida por unas rocas planas que durante la época de lluvias conservan el agua. Su nombre viene del diminutivo de Gasaa, cuenco grande de madera que se usa para servir la comida.

132. Almanhar, Arred, Wakranat, Udei Etamía, Udeyat Etyus: ríos secos de la parte norte del Sáhara.

133. Sahel: en este poema el poeta evoca los territorios desde el centro este del Sáhara, región de Guelta hasta la costa. Sahel, significa costa y así denomina a la región costera saharaui. En hasanía, Sahel significa oeste. Este Sahel es conocido como «Sahel Lahmar» costa roja.

134. Zrag: se denomina a la arena que cubre una parte de una montaña.

135. Lefkah: montañas cerca de Guelta que deben su nombre a las dunas de arena blanca que cubre una de sus caras, semejante a la parte trasera de la gacela de color blanco que se conoce con el nombre de Fakha.

136. Tishía, Gleibat Elfula, Um-Ediguen, Al-Atabi, Taref, Afeyat: zonas cercanas a Dajla.

137. Los pozos que se extienden por la región costera desde El Aaiún hacia el sur, Bojador, Lemsid, etc.

138. : pozo de agua potable.

139. , Sergao, Lekraa, Tertar, Lemsid: pozos de agua salobre.

140. Heimar Mah: pozo de agua salobre y de color rojizo, su nombre significa literalmente «su agua es rojiza».

141. Albachbacha: poza que se alimenta de una fuente que mana constantemente desde un barranco. Su nombre significa «el torrente».

142. Auzerulet, Auzeyigt: pozos de agua salobre.

143. Lekda, Almeenhaza, alkau, Aserfa, Alarsh, Legnater: zonas cercanas a los pozos anteriores que se abastecían de su agua y daban de beber al ganado.

144. Sahel Labiad: región paralela a Sahel Lahmar y que va hacia el interior, está un poco más alejada de la costa.

145. Hil-let Tiris: nombre con el que son conocidos los montes de Leyuad. Por su belleza, su forma y su ubicación Leyuad se asemeja a un frig en medio de Tiris. Leyuad es el frig por excelencia de Tiris. Si le pregunta a cualquier saharaui cuál es la zona principal de Tiris responderá con seguridad: Leyuad.
El poeta evoca diferentes lugares que se encuentran alrededor de Leyuad que recuerda con cariño y admiración; lamenta que estén hoy vacíos sin su gente.

146. Este poema recuerda la belleza de Tiris y los días que en ella vivió y conoció toda su geografía. Todos los lugares que se nombran son de la zona de Leyuad.

147. Despertar el dolor: expresión en hasanía que quiere decir que algo te trae buenos recuerdos.

148. Extender las ramas: expresión en hasanía que expresa que algo le provoca a uno mucha atracción.

149. Laruiyat. Montes cerca de Agüeinit.

150. Azefal: zona de dunas al sur de Agüeinit.

151. Azakrur o Adam Rih: zona donde se encuentran los campamentos de refugiados saharauis.

مقدمة للاستاد محمد علي لمن

سيدابراهيم سلامة اجدود شاعر مخضرم من الصحراء الغربية ازداد سنة 1936 م بمنطقة (أغريد الذيبة) ،

(تيار الحَمْيُر) وهي منطقة تقع شمال قرب بنرالنزران وشمال شرق مدينة الداخلة ، عايش فترة الاستعمار الاسباني والغزو المغربي متثبث بالأرض والعرض وهذا ليس بغريب على سليل المجاهد الصحراوي الأديب والعلامة سلامة و لد اجدود ولد ابريه الذي كان من بين

طلائع المجاهدين الصحراويين ضد الاستعمار الفرنسي وحينما اعتقله الاستعمار الفرنسي أرسل طلعته المشهورة من سجنه ، الى الصحراويين عامة وعائلته خاصة يقول فيها بأنه على قيد الحياة وسيفك أسره حين ما قال:

تبليغ السلام للخـــــيام *** والجدهلو وحـــدو سلام

بني حافظ عهدو تمـــام *** وبني ما لحگـني درار

وبنو لا يطرالو تخمام *** من بعدي ولا شين اخبار

عادولي شهر فوك العام *** فلحـــبس ودوام القرار

غير انا حامد للكـــسام *** لله الوحيد القـــــهار

كل أنهار يجبني لكـلام *** باني لاهي نوصل لطـار

وطار امنادم جاد وگام *** مطلوس من يدين الـكفار

وسدر واتمشى فوهام *** نـگل وگليبات المصدار

الباقي يزكى من ليام *** ولي باغي منـــهم يبگصار

أطلق على الشاعر سيد ابراهيم سلامة اجدود نتيجة روايته الشعرية المرتبطة بأدب السجون وما يعانيه المناضلين الصحراويين من تعذيب وقهر بسياط الاحتلال المغربي لقد كان الشاعر يرسل أحاءاته الى الجماهير الشعبية قائلا:

بالشعب لعز مك لا يلين *** بنتصر اتك شـفتخــر

خلد لنـتفاضة عشرين *** وانكروا استخلص عبــر

يعد الشاعر من بين طلائع المناضلين الصحراويين الأوائل شارك في الفعل الوطني منذ انتفاضة 1970 م ولا زال يقدم خدماته لقضية شعبه العادلة.

رغم كبره في السن واكب الأديب سيد ابراهيم مسيرة الثورة الصحراوية وساهم في بناء مؤسساتها الوطنية وله حرص شديد على المشاركة في كل الفعاليات الثقافية والأدبية أدبه يتميز بعده الإنساني والاجتماعي ويشكل حلقة التوصل بتعزيز مكانة الشباب ودوره في معركة حرب التحرير الوطني.

. قصيدة ثورة عشرين:

فالعـــد الـــرابع والـثـلثين *** ثورتـــنا مــرضـت قوتـها

وفـــــديتها ذاك الحـــين *** مافيديها مـــن عدتــــها

كون ايمان وعــزم ويقين *** كوكبة مـــنا طـنتــــها

فشهر مايو ليلة عشرين *** ولــولي افـقدمـتـــها

مجمـــوعة منا مـقدامة *** ثارت مـــن خوف الناسا

معدومة لعـوين ابلا مـــاء *** رجـلـيها تنـــزمالتها

وزين لـبستها لعمامة *** دخـــنة ودخنة گـندورتها

مدفع محزوم وحزامـة *** للشـوفة درس مـرايتها

150

ما خافت لــوم اللــوامــة	واحتلت مركـــز خنگتـــها
ضحات من أجل لكرامة	وشعب احسن مظنتـــها
يـوم أبـدات المقـاومــة	لا شيء موجـود فحوزتــها
كون الگال الولي امامـا	حضور الثـالث ذكرتـــها
انطلقت ثــورة معدامــة	بـغير أتعـــتم عتـــمتـــها
فمـراح الشـعب الكرامـا	ذبـك العـتمة ما فشــتـها
گال اهـــلا بالثــورة لاما	مـن عنـد اول رصاصتـها
ظلت قوتها تتنامــــــا	قوتـها مـن قاعدتـــها
وقيـادتها ما تتعامـــا	عـن لـهداف اللي رسمتـها
دولة فـتية مُقاومـــــة	للشعب العـيط عيطتهـا
عـــشرين مـاي القـواما	ما وگفت مقاومتـــها
بالسـلاح اصـلا كلامـا	وكلمتـها بـــه انتـيجتـها
بيمان وعزم وصـراما	وأسلحة لعـدو غنتــها
بالجيش الشعبي مقدامـا	تـكـتل واتـعل بكتلتـها
بالجيش الشعبي ظياما	فعدوها فشرك ظامتــها
فمرافكها مـا توطامـا	ممحي خـط اتسوفلتــها
عشرين مايو ولامـا	تـور فالكـــون نظــيرتـها
وصت المحافل كـلامـا	بالگـك المــتين حجتـها
الفوك ولاهي تم تامـا	وذن ما تسمع سمعتـها
ببطال الجيش الزعامـا	سنمع للعالم كلمــتـها
دولة لعـدو ها حشــمـا	ففريقيا عضـــــويتها
فيديها لسلم احصــامـا	وللحرب أتحضــر قوتها
الگات الشامة والشامة	اليـوم افـمـيـجك رايـها
خـفاقة دولة لمامـــا	الشمل الشعب ابوحدتـها
جات الولايات اتـوامة	واريـاف امـــع جاليـتـها
وابـثـقافتها حكامـــة	فمحاصـر ها لجماعتـها
بـنواع التـراث ولامـا	كـن كـون الثقافتـــها
وابـنتـفاضـتها حطامـا	للعدوها كسرت شوكتـها
والنـتـفاضـتها لطامـا	للعداها مـن عاداتـــها
للحكم الذاتـي ردامــا	ولعدو حصدت هزمتـها
بـه الى يـوم القيامـــة	فـم التبرح بشماتتـــها
اعدونا وافسئت اندامـا	من حر أحرور افظلاحتها

151

حواصت راس انعامتها	واحنا ثورتنا كـــدامة
النصر الوات اعمامتـها	افمجلس لامـن بشـهامة
فلعـــيد الرابـــع واثــــلاثين	
من تأيـيد افميجك ذا العيد	عشرين مـاي الها مزيـد
ثـاني عيد انـتفاضتهـا	رابـع واثـلثين بتخليـــد
والشعب ارفـع تحيـتها	شاكر ها ذا الجيش العتيد
ومن كَلابة حـولينها	من ميجك 151 لمبارك لعكَيد
افـــتيرس تشهد حيتــــها	ولفـــرفارات ابلد مفيـــد
فمـــدكن مفـخرتــــها	وجيش التحرير أسيد أيميـد
لعبـيدي لفـذاكرتــــها	عمـلية موت العقيـــد
تـــشهد بـــها مـــن دنيـــتها	منقـوشة بنار والحديـــد
كـــيف أخـــوات الملحمتها	لخـــرتها ولـــها تخلـيد
بـــروع ملاحــم شهدتـها	تيـرس محرة وبتأكيـــد
من عنـدو الـين أرويـــتها	مـن ميجك لذغد الفريد
ساحل ذاك اكطـيطـــــيرتها	لرويـها بوكرن الوتيـــد
ومركبة شـرك كَـارتـها	أد أملي مار ابـلا قيد
لحـــبتهم بـــوعليبتـها	وايجبلان ولشواف أنزيد
مـن فم اكَلاب اكليــتها	وتل اعل ساحل ماه ابعـيد
والدخن وزيـنة شـوفتـها	بـوهيالة ماة وحيـــد
عـن تـيرس تبلك حلتـها	تـلكَفوف نحلف وانعيـــد
ما نسمى مـن كَلابتـــها	لجـواد الدوكَج والعـــديد
زوك 4الكـبلي مـن ركبتها	مـن ميجك والئ بالتحديـــد
ذا الجـيش الحامي حرمتهـا	تـيرس محرة وابطول أيـــد
واستـــعرضاتو كَـــالتها	هو وحدو فيها سيـــــد
فلعـيد الرابـــع واثلثيـــــن	
عـــيد انـــتفاضة لستقلال	عشـــرين مـايو بحـتفال
ظـــفرت بالنصر ابرمتـها	فخـورة بـها بسـتـتبسال
سلمـية مقاومتـــــها	اجـيال اخلـــوها لجـيال
جنـوب المغرب نشأتـــها	فلمـدن خـوض ا نضال
ابعـــلام الجبهة رفعتـها	فيه وبه اتزيد اشـــتعـال
ومن اكليميم الاستـــــها	فمحاميد الغـزلان اكَـبال
لطنـطان الطرفايتـــــها	للزاك للمسيد مثـــــال

152

و عراظ افنكر اسمـــارتـــها	وافعيون النضـــال اطـوال
وفواد اذهبها شعلتـــــها	وبجدور اعـــدوها يذلال
رايـــتها تنعت رايتـــــها	يكـدوها بطلات ولـــطال
قـوة لعدو ما ردوتـــــها	مظاهرات اكـفال اكـــفال
والجامعـاتو نقلتـــــها	شملت معاهد لحتـــلال
لستقلال ولا جحـدنـــها	ما توكـــف من سابك ينـال
وتجدد كلمـة كانتـــــها	واللي غيـــر كامل محـل
بأسم اهـل الصحّراء جدتها	لا للحكم الذاتي تنـــكال
من دولتـــها ماخانتـــها	ولها تضامن وبلـــــفعال
بـين انواصيها كتبتـــها	لنتـــفاضة بالـــدم السال
والبرهان اللي ثبتـــــها	شـــرك وساحل كَبلة شمـال
فالعـــيد الرابع والثلثيـــــن	
مــن نصر الشعب الها منسوب	عشـرين مـــاي اللي مجيوب
واحرثها واجتننى ثمرتـــها	غـــالب بها مـــاة مغلــوب
منهـــها ومن اول وهلتـــها	دولة لبـــات اللي مطلـــوب
فالعـــالم زينة سمعتـــها	لا باب أبك عنها محتـــجوب
دول الكـون اعل كثرتـــها	صحراوي عرظ وطول ايجوب
فالشـعوب فتسميتـــها	محـــترم مقـــدر مهيوب
تتـوجد تمثيلتـــــها	تل وساحل شرك وجـــنوب
عالي علم سفارتـــــها	وافجل العواصم منـــصوب
التحـــرير اللي سبكتـــها	خاضت حرب من اطول حروب
نظـيفة مقاومتـــــها	للكفـــاح فعصـــر الشعوب
الهـــا أرهــاب فسيرتها	طـــول الكفاح ولامحسوب
شـــيء مشين افصحفتـها	ولهـا فالعـــالم ما مكتـــوب
فالمـدن انتفاضتـــها	والدليل المـاه مـــــشيوب
تتـواصل مطالبتـــــها	سلمـــية وبـــعل دؤوب
فيه أول وأخر كلمتـــها	بستقـلال الشـعب المرغوب
ابدالة قضيتـــــها	بالنضـال السلمي مصـحوب

- قصيدة جيش التحرير:

ما يگـــدر يحرك ساكـــن	بـــلي غـــيرك يا جيشنا
ابـدونك ماهو ماكـــن	وعلـى وطـنا عـــيشنا

153

من عند الدوكـج لاقـوي ..... نيت المـــــيجك والى المهـي..

..ريز اتفــاريتي ما شوي ذاك اللي تصنع ساكـــــــن

ولل حــارك والى بـــي .... رحلون وفلـــماكـــــــن

فالخلـف وهـج ولا دني تفجــيرك للبراكيـــــــن

مـن نحت اعدون كلت لي مانـك لظالم راكـــــــن

وبذاك الطـــبول دي دي شعـبك كايل ما ماكـــــن

باللي غيرك ياجيشـتنا مايگـدريحرك ساكـــــــن

وعلى صحــرتنا عيشنا ابدونـك ما هو ماكـــــن

. قصيدة: غالي يالوكر

غالي يالوكـر امعك ذيـــــك بـربيـعك جوك صــــافي

وبلاحية يغير فيـــــك جيـش التحرير وكـــافي

جيش التحرير اللي أعطـــاك أشتهادة وبــذا رضــاك

جيش التحرير المار خـــالك ولاهـو للعين أمســافي

عن حصية منك مانســـاك ومـع غـيرك متـنافي

عندو يالوكر انت شحـــاك اخــلاگك ولها صــافي

عاكب لرواح اللي فـــداك بها وبعـهـد وافـــــي

جيش التحرير اللي سگـاك دم لمراضـك شافـــي

غالي يالوكـر معك ذيــك بـربيعك جوك صــافي

وبلاحـية يغير فيـــــك جيـش التحرير وكـــافي

. قصيدة وسام الشرف لجيش التحرير الشعبي الصحراوي

جيش التــحرير أصـــنع قوة بيـمان وبعطـــمو وصـمـد

لعـاـــــي درجـــات أتـبوا ومعـــدل للشـــكر المقصد

وبوسام الشـرف هـــــو لجـدر بوسـيمة يقلـــــد

جيش التحرير الما مـــــعلوك فستبسالو مـاهو ملـــحوك

ما كيفو فقرانو مخلـــــوك معروف لو من جــــد الــجد

حربٌ نظيفة ما مُلصــــك بـيه اتـهام من اي اسـلـد

والمقتل ماه مسبـــــوك للمـــيدان ولعـدوه أصـــيد

بالمدافع وبصـام الفنـــوك ينسـف الاهـــداف اللي يحـدد

يهزم لعدوه انـهار اتـــوك يهـرب يزحف يوكف يكعـــد

يشرب بلجاـم الين اظـــوك ّ حنظل هـــزائم لوتحصـــد

154

لو عــاد أصيغرمن عيـسوك	ينصاب من ابـعيد على مــــد
لبـصـرللمقتل مرشـــــوك	شــارة ما هــدر مـــا رفـد
عن ذو ولمئـنات فلرگــــوك	مـوئى واسـرى وللى نـفـقد
و العتـاد اجيبو مطفــوك	كامــل بانــوعو مـــــكرود
مجرور محمول ومصــيوك	واليات الحــرب التـشــهد
وللي منــو مامحــــروك	ادخاخــينو فالجو اعـــك
وسـير الحرب ايجي مشفـوك	اعلى لـسير ومــــــوسد
ملبس مداوي معتـــــوك	بالمقاتلين استـــنــــجد
عاد اصفر دم ولامـــزلوك	فيــه افلش مــاة مهـــدد
والمقاتل عند لعـــــلوك	فعدوه انهــار الي يقصد
ميدان المعارك مـــبلوك	مقـــدام وشجاع ويــورد
بالمشات ودروع اصـــوك	خـــالط لخوالف والمـحرد
فنهاروليل ار عود ابـروك	كـشاف القـذيف أفــــيد
فالواد وفلكدية والطنـــوك	يقتـحم لعـدو ما يعــكد
ظهرو دافع ماة منـــزوك	يخــبط واگــف وبلا مسـند
دوي المدافع معشـــوك	عـند المقاتل لو ينـشــد
قيش وبجتل ضعاف الكـوك	مــن لعـدو عتاد وعــدد
لستقلال للي مامـــروك	قــام وحامي بيه اتعـــهد
للشعب اركايز ومرشـوك	ومركـوب عتلاوة يرفـد
بالنقل إضحي وبلا شــوك	بالروح اغلـى ملك وأجـود
من حـاتم لتبرع بعـروك	دمو لضـــيافيَّن ومـد
فعمار الجيش التعـــلوك	شعبٌ فيه وبـه امــيرد
لخلاگات ولاة مـــزوك	افسكـبية كافـيه العـــند
مولان و الجيش المطلوك	اعنانْ فــلمجد إشـــيد

155

ـ قصيدة أنجازات المراة الصحراوية:

عن يحصــــي منجزاتـــــــتك	يالمــراة عجـــــزتني الـــسان
مقابل تضحيـــاتـــــــــــك	جـــــزاك الله بليحســــــان
فالعمـــــل مانك كاعـــــــدة	يالصحراوية جـــــــــــــادة
به الثـــــورة وعاتـــــــك	مانك عن واجـــــــب راكدة
شهــــداءك فحياتـــــــك	توفى بالعهد معاهـــــــدة
وصبرك عنا معنـــــاتـــــك	بلعدلتي فالقاعـــــــــــدة
للتبـــــــع خطواتـــــــك	فالنضال انت رائـــــــــدة
يوم الكـــــود الل جاتـــك	حمـــدي مولان گـــايدة
شعـــبك لنـــتصاراتـــك	ثورة عشرين القانـــــــدة
ماصنــعوه اقرانـــــتـــك	لصنعتي فيـــــه الفائـــدة
لك لوفـــــود اللي جاتـــك	فالعالم وبـــــذا شاهــدة
فالخــــارج بنجــازاتـــك	والشعب أخـــلاكو بـــاردة
رابـــــع مؤتمراتـــــــك	ثمرت نضـــالك عاقـــدة
فالنضـــــال احزماتـــبك	حافـــزلك ظلي كـــاردة
الاستـــقلال بهامانـــتك	لا ترخيــهم ولواعـــدة
كــــون لربك فصلاتـــك	مرفـــتوعة مانك ساجــدة

ـ قصيدة مجلس الأعيــان:

طلائــــع تاسيس البنيـان	المجلس الاستشاري لعـــــان
الوحدة فالظـــرف العسير	صرح الوحـدة فانهار اعـــلان
عزمٌ طيلة حـــرب التحرير	عند العين توحد ومتـــــان
فالداخل والخـــارج ونـير	مثل الشعب مرفوع أشـــان
شور الهدف لسمى لكـــبير	طريق الشعب فكل احيـــان
ما يرضــــاه الشعبٌ جدير	لمـستقلال الغير خســـران
وافي بالعـــهد بلا تغيـير	بستقلالٌ وبـــلا نقصـــان

156

ما بـدل تبديل ولاخــــــان	شــهيد ولا باع الضميــر
لمجلس الاستشاري ما مـــال	عن درب الشهداء الابـــطال
المجلس الاستشاري لنقال وزنّ	وسمع فالشـــعب اكبـير
وفتحديد الهوية گـــــال	الحقيقة باوضــح تعبيـــر
گدام عدوه وبها نـــــال	ثـــقة واحترام وتقديــــر
شعبّ بها اركابـو تطـــوال	مــن عند الكهل للیشیشیر
للي مات ارحم يالجـــــلال	وطول عمر الحــي باكثــر
مجلس الاعيان وبـفــقــخار	للشعـب من اصـغيرٌ لكـبير
صنعوا لو مجد ولا غـــبار	عليه بحنكة وبتدبيـــــر
المجلس الاستشاري للاعيـان	طلائع تأســيس البيـــان

. قصيدة اعيان الشعب :

اعيان الشــعب البانيــــن	مجلـس اية الاربعـــين
وال ظلو فــيه أمثليـــن	شعب الصحــراء باكمـال
فثرقّ وغربّ حاظريـــن	وفجنـــوبّ وشــمال
والعدو ظلوا واكفيــن	بالمرصـاد بـــتذلال
مجاهدين لوليــــن	واعيـــان ذو مـزال
أعلى خطاهم سايريـــن	حقـــوا للشعب امـــال
و اللي ظلوا متـمسكيــن	بخـــلاقّ وبخصــال
وبعادات طول السنيـــن	وبمــيزاتّ مـــلال
الهم باتو متوارثيــــن	اجيــال بعد اجيــال
فتنعش اكتوبر عند عيـــن	بنـتيلي عيـد أمـــال
تأسيس الوحدة واضعيـــن	لبـــينات احتــــفال
وأبناو الوحدة صادقيـــن	عــن ميداها ما مـــال
وبعهد الوحدة وافيـــن	فلكلــتة باللي گــال
فالوثيقة المقعيـــن	بأيدهم واستــــقال
أمن الجمعية كامليـــن	فـم اعرظوا واطـــوال
فوك انقاضْ الها بانيـــن	مجلـــس وطني مـــال
فالكون مثيل ولا قريــن	فيخـــلاصّ لكُفـــال
بالتعين اللي دون ميــن	استــشاري باكمــال
للرئيس اللي كل حيـــن	ثـــقة شعبّ تنــــطال
فئلت عقـودوزايديـــن	وكــزم من خـــلال

157

مجلس الاعيان اليوم عـــاد	استــشاري تبـــــكال
ثيقة الشعب مكط حـــــاد	عنها مـــنو ويـــــــلال

. قصيدة الوحدة:

فلعيـــد الخامـــس وثلـــثين	يالوحـــدة بالفـخر انحـيوك
بــين احضـــان المقاتلين	وفمـــيجك وحـدة نعـتبروك
ام المكـــــاسب لمحقـــين	بـيك افـظل ابطــال أراروك
مـــن يوم انـتشايك فلعيـــن	يالوحـــدة علنـوك ويحـموك
من يوم أثنعش اكتــوبر عـــام	خامــس وسبـــعين فقـــيام
الوحــذ عند العين اتـــــــمام	وحدة صفـفوف الذوك وذوك
لبنـاوك حصن اعلى ركـــام	تفـريقتهم عنهـا خـــتروك
وبنـاوك سـرح اعلى مقـــام	الـــهم بالـبنيـان أعلـوك
في طـار الجبـــهة بالـــدوام	تـنظيم الخـاطيها متـــروك
من صميم أفكار والهـــــام	الـولي اعلى عهـــدو يـبنوك
ضد التقـــسيم ولنضـــــمام	الي بـــهم لعـــدو سامـوك
بالمرصاد وكفـــنى كـــدام	قـــوتهم ما گـدو يشـــنوك
عن تحقيق النـــــص بلقـدام	ماحگـــروك اعدوك وكر هـوك
ولشعبـك حقـقتى لحـــــلام	بطـال الجـيش اليـعتـبروك
يالوحـدة زمـرة لقتـــحام	أسـم اخـتارو بيـه أسـموك
دل أعلـبك بـمعنى لكـلام	اغلـــيتى لعـــدو ماغلـبوك
سـر وجود وسـر احتـرام	لهل الصحراء نعم حمـــدوك
هون وفلمـــودون التـــحام	جنـــوب المغـرب ماخنـوك
وحد لهل الصحراء بتـــمام	كل أمسى واصـبـاح ازيـدوك
بالنضـــال السلمي بعـــلام	الجبهة فعـــدونا مضحـوك
بيـك انت لهـزمتي نظـــام	الـد اعـــدوك ولا ردوك
عن صب اعليم كامل جـام	لفگـــــايع ونهار الفكعـوك
داويتـى جـــــراح وألام	تفـــريقت شعبـك مخل بـوك
يالوحدة لگطـــعتى لخصتام	بيـنك وعدوك ولاضــــروك
وجمعتـى شمـل وبنـتظام	جمـــايع لخـــيام السبگوك
وبـــداو بنشوك باهتـــــمام	خيــمتكم لكـــبيرة ينـشوك
من شـــعر ومـن اوبر لنـعام	ززو وغـزلو وبرمو ومحطوك
سـداوك بحـــسن ما يـرام	فلجـــة بمـــطائبهم نـــزوك

158

بتــــوايز قعــــــود وقــيام   بخـــراب فلجبـــار وشـــلوك

تم اخياطـــــك وبنشوك تــام   بأهــلك وزين كدعة كدعــوك

وبناوك بركائز وعصـــــام   كارجــهم وبظـــهرة نـــتروك

بخوالـــف لنساع بتـــسكام   دك أوتادك فيــــلد مصــكوك

أعليـــك بكفية كالو عــوام   ن رياح أعــدوك اكـــفوك

وبـــكفية ما فيــهم تــشرام   وتحــت أفراشك مافيــه الشــوك

وظـــلل وأدفى مــن لخـــيام   ووسع منـــهم لهـــلك دخلــوك

أثلت عقــــود ونص أتـــمام   فدفـــاك وظـلك ما مركــوك

يكبـــر لخــيام للشـــعب لام   شملو فيــك من ابعيد أجـــوك

فــاتو وبجــيشو حطــام   جيش ومؤمـــرات أعــدوك

لسكـــيـــتيهم دوما بالجــام   حنظل بالوحدة مخـــتل خــوك

شعبـــك نيل استـــقلالو تام   بيك فتحقيـــق ما مشكــوك

شعبك ما يــترك لعتـــصام   بحبـــل الله ولامـــتروك

بك أنــتي لعتــصام أعوام   أبـــاو أهل الصحراء يرخــوك

سامــوك أعــدوك بلنفصام   عـــروة وثقــانا ما فصمــوك

ريحـــك تــجري مدى ليام   بمـــا لم تــشتنـــهي الملــوك

أفمجـــك محرر مقام   احتـــفالك فيـــه انجــدوك

وحدة صلبـــة نلتي وســام   استـــحقاق وبيـــه أنهنوك

ـ قصيدة لعلام الصحراوي

لعـــلام الصحراوي مرفــوع   صوت لشعب وبه أشيـــد

مشيوف ومكتوب ومسمـــوع   فداخل والخرج البعيـــد

تلفزة واذاعـة مكســـب   لشعب الصحراوي يطـــرب

صوت جلجل مرفوع أجلــب   كــم من صديق أدرس وجديد

كيل اليوم أفظروف أصـــعب   والثورة جاها فلموعيـــد

مــاة كابل عنها يعكـــب   والشعب أفقرمن فار لمسـيد

فلعلام البـــيه اكـــذب   اذعات اعدوه بتـفنيـــد

اذاعات أنشوه واتصـــب   سوم بلا شرط ولا قيـــد

وفذاك الخضم الصلـــب   عود أعلام الثورة لزيـــد

الشعب الصحراوي وعكـب   لعلام اتحد التهديـــد

بتقنيات وبـشرو العـــب   الدوازّفأكثرمن صعيـــد

لدوازّ ما نكدر نحســـب   كـــل أنهـــار أضيف المزيد

159

مبدا لعتماد على الـــــــذات	لـــذاعة لول به أبـــــدات
لـيمان وعزم لها تزويـــــــــــد	كيف الثورة بامكانيـــــــات
هي والمدفـع ليد فليـــــــــــد	بارتفاع المعنويـــــــــــــات
طول وعرض أكريب وأبعـــــد	وأتحدات التعتيم امشـــــــات
عسكرتة لصناديـــــــــــــد	اول بث الها بـلغــــــــــات
جهاز التسجيل الوحيـــــــد	وفمسجلات النكـــــــــرات
معارك للجيش العتيـــــد	سجل وانقل ريورتاجــــــات
الاحداث وفأكثر من صعيــــد	ومع تواضعـــها غطـــــات
فالذكريات وفالعديـــــــد	وفجميع المناسبـــــــــــنات
باعجاب الشـعب وبتاييـــد	من الانشطة حظرت وأحظـــات
لذاعة تطور وتزيـــــــد	ولكل الصعـــاب أتخـــطات
سمعية بصره أجديـــــــد	بعقـــد وحـــدث تـقـنيات
للشعب الصحـــــــراوي رصيد	لعــلام فكـــل الوجـــــهات
صمـــدٌ صمـــــــود أبلا تحـديد	أطقم رجـــالة واطـــــيات
شعب أناث وذكور أثيـــــــد	يمذعيين ومذعـــــــــات
لهـم بـشكر أظل أعيـــــــد	بتـقنيين وتـــقنيـــــات
وسرة لعلام الها تمجيــــــد	أعلاميـــن أعلاميـــــــات
بشـــبابك وابكـهلاتـــــك	والجمهـــوريـة شايـدة
ناره نگــدي باخواتـــــك	بالنضال الل ماخـــامدة
ومـــن الريف اختك جاتـــك	فالمـــدن اختك صامدة
مؤتـــــمر جاليـــــتك	جاليـتك والواعـــدة
لستـــــقلالك طاقاتــــك	رابع مؤتـــمر حـاشدة
	يالمرأة عجزتي اللسان

ـ قصيدة عيد المرأة:

رافد لثـــــورة به أبـدات	النـــساء الصحراويـــــات
من بـداية حــرب التحرير	في عمل طـــول سنوات
تعود المرأة فيه أخيـــر	ولابأس الظروف أكســـات
والعســـير أترذ يسيــر	وناضل مـــن ذاك الفـــات
مـــن عنـد الاول للخيـر	نجـبت لجبـال الهم ربات
فالثـــورة لعبت دور كبير	بطلة شجـــاعة مـا ولات
وأتسدي فالمصـــنع وتـنير	فالمزارع والتربيـــــات

160

فنـتاج أعتمـــاد على الذات	نكـــــلـع هذا ولذاك أديـــــر
والمرأة منــها فنانـــــــات	فالثــــقافة باحسن تعبـــــير
ومن المرأة ممرضـــات	فالصحة تسبك للمـــدير
ومن المرأة معلمـــــات	فالمدارس عدد كثيـــر
ومن المرأة مفتشـــــات	ومديرات بدون أستاخير
والمرأة منها الامينـــــات	والعرفات فطول الســــير
رئيسات البلديـــــــات	واحتلت ميدان التســـير
وفليشارة وفلذاعـــــات	مافم أخير منها خبيــــر
والمرأة منها تقنيـــات	ومذعات فحر الهجـــير
وأكثر من واجبـها ودات	مشكورة واللي عاد أشير
لنــتـبه اليوم اورفـــــات	لعلي منصب بالمعايــــير
فالتنظيم فلمانة جاءات	وزيرة نظيرة وزيـــــر
ومن المرأة مــــمثلات	فالخارج عملها كــثيـــر
للنساء الصـــحراويات	ما وفيت الشكر ونختيـــر
أنشيد بلامْجـــــــاملات	بالمرأة أن صح التعبيـــر
مقدمات وخـــــاتمات	افكفاح الشعب المريـــر
فلمّدن بالانتـــــفاضات	وفجنوب المغرب تقديـــر
للمرأة من كــــامل فئات	ذا الشعب الكهل وليشيشير
فالدوائر والـــــولايات	نضال المرأة ظل أنيـــر
طريق التـــحرير ولافات	انگص من عملها نــقيــر
شعلت نـــران النضالات	تحت اقدام اعدونا سعيـــ
فالمدن بالانـــــتفاضات	هي لتقود الجماهيـــــر
وفجنوب المـــغريب أكدات	فالمغرب كامل زمهريـــر
أفضل وفدفا بوطولات	جيش التحرير المغاوير
وشكر المرأة بلكلمات	المنثورة حصرو عسير
وأصعب لا عادو موزونات	كلمات الشكر بتفكير
والمرا بلتملك ضحات	بلعرلك والدم الغزير
المرا ظلت باستمر ار	اعلى درب الشهيد التسير
وبهذا واجب الفـــــتخار	بصحراويات ولاغيـــــر

.قصيد عيد 8 مارس:

بالصحراوية طول كيــــد	لعدو ماكصر كيـــدك

161

لاول شهيد وعيــدك	عن نضالك وفكل عيـــد
نساء العالم ذاك بـل	فالثامن مارس عيد كـــل
ما بارد فيه احديـدك	نضالك ساير منســـبل
ناجبتيهم بكريـدك	لجيال الشعب دفاعءوظـل
ربوتيهم بجديـدك	بحزمائك طفلا طفـل
جيلك عن تربيت أيـدك	وبلدرس منك ما أنصـل
من الاعمال وتصعيدك	وايدك فالعمل ما تمـــل
بالوفاء لشهــيدك	لنضالات الما تكـــل
فالميادين أتـــزدك	بالتضحيات التـنــبذل
عن شعبك ولتجنيـدك	تصميم على محو الجهـل
زين شكـر بتمجيدك	للمستقبل وعلـــيك دل
عيدك عندك رصيدك	وفجنوب المغرب هـــل
العدو من موعيــدك	فيه وقلــدن ذل
رديته بتجديـــدك	لثامن مارس لو اطبــل
نصب اعيونك تقليـدك	للعهد للشهداءك ظـــل
لگريبك وابعيـــدك	من شكرك عندي ذا حصـل
زين لعيدك تخليـدك	شرك وساحل كبــلة وتل
يالصحراوية طول كيــد	
بنضالك درتي أحليــك	يالصحراوية ذي وذيـــك
لاحتفالك متلاليــة	وابرزت به مع امجيــك
شكرك هاماتك عاليــة	شعبك ظنّ ماخاب فيـك
من عند اليف الى اليســاء	هينائث تاكلها عليــك
بوفود المتتـــالية	واللي صديقك شاد بيــك
بك النضال اللي طــوال	جائك وبالشكر عليــك دال
سباقة مانك التاليــة	وللعمل هاح ألا ثقـــل
مانك بها متبــالية	و مسلة ماهي لسـتقـــلال
من سلطانة للغاليــة	كيف المنك في الكون جـل
عنها لعدوها خــالية	و منتو زين اللي ينگـــل
للانجازات المتواليــة	يالصحراوية ناجـــز
ولعينك ماهي مــالية	ولعدو عن قهرك عاجـــز
	يالصحراوي

162

ـ قصيدة يصحراوية:

يشــهدلك عن نضـالك	يصحـراوية كـــــل حد
شـــاعر يوصـف جمالك	عمـــل جبار ولا يـــــكد
أجلـية ساحـل لـــذراع	من فوك العين الى كـــراع
جمــالك مـــــن مـــذالك	كلب أدة وسيگان شـــاع
يتـــفانــر بـــين ارجالك	جمــــاك فاتـن باگلاع
العـــالم مـــن خـلالك	نضـــالك عـم اعلى اسقاع
نضـالك عـن ســؤالك	عن ســؤالك كافـيك كـاع
أيـــن المجـال ابكـالك	بمــرد العدوصاع صاع
ر مـع تــربية أجــيـالك	مفتـوح العبــتي دور واع ....
سـالك لوعـر لمسالك	لك صـنـع المستـحيل طاع
النعـــجة لعدو هـالك	يالمرأة لعـــدو گـال بـاع
قلمنـــاطق مـا سـالك	مـن نضـال واليبه ضاع
بالفـشل گــايلها لـك	منـك لعـدو وبذاك ذاع
نضـــالك معـروفة لك	وفجنـوب المغـريب راع
جمـــاك ماهـو فـالك	يصحـراوية مـا نـــباع
هـــو وروح ومـالك	ضحيـــتي بـه بلا أنزاع
ذاك مـــن أجل استقلالك	ماشـين اعليك ولا شناع

ـ قصيدة الشباب الصحراوي:

شباب الصحراء رانـــى	ماني متعين لاشكـــرت
بارد مكال الســـــانى	فتبارك الله گلـــــت
فبحور العلم ولا أرتـــاب	شباب الصحراء گام شاب
لـول مـــــاة ورانى	بالجد والاجتهاد طـــاب
عندو مقتاح ولانـــــى	شباب الصحراء كـل باب
بيا راسخ فذهـــانى	محتـــاج وصاية لشبـــاب
ومن القاصي لـــدانى	يهوان اعليه اللي يصعاب
يستحق التهـــــانى	ماكط املنا فيه خـــــاب
وقلم عندو سيـــانى	المدفع فايدو وفايذ أكتـــاب
خل شيء حقق لمـــانى	عهد الشهداء فيه مـاب
وفكفاخ متفـــــانى	وعن لمجاد ولخلاق ذاب
الاهداف مع ليعانــــى	وبالانتفاضة فم صـــــاب

163

من قمع اعدوه بلا حساب	وسط المغرب بسراني
ما فالعالم شباب داب	متفوق كيفو ثساني
شب على ذاك وفيه شاب	الدوني والكصاني
الشعب طول به الركاب	والساس الدولة بساني
ماغريبة شباب جاب	درجة شعبو لل حساني
الاستقلال الغيرو سراب	حك ولهو بالعساني
ماني متعين لا شكرت	شباب الصحراء راني
تبارك الله كلت	بارد مكال السساني

ـ مؤتمر اتحاد العمال:

سادس مؤتمر للعمال	دعم أنتفاضة الاستقلال
فول وأخر جدول لعمال	مطروح لها فيه بلحساب
بالعمال وخوض النضال	الصعب عليهم ما يصعب
الول هم فالقتال	العمال السمحوا فسباب
الرفاه وتعدال المال	تركوه وخلاوه سباب
كانوا فيهم رجال اعمال	فالخارج والداخل وارب
للعمل مافيها جدال	تاجر والجندي والكساب
للمواشي من مال احلال	ثاروا وخلاوه مر أصراب
فالصحراء جنوب وشمال	شرك وساحل وفكل اتراب
ما كط اورى منهم دلال	ولاحمال ولاگراب
ماكط انسامو بتذلال	صحراوكن اولي للباب
سمحوا فالمال بكل اشكال	العمال انساو أكتساب
المال السابك لستقلال	التعدال ما هم صباب
ويجدّ لقوال بلفعال	لبطال العمال ولا خساب
فيهم ظن الشعب ومزال	ينتظر تذليل الصعاب
بالعمال ولاة محال	ذاك البعد بسهم يكراب
شراين الشعب العمل	گلب وهيكل للشعب اعصاب
أطراف وراس وذاك الگال	للسان الحال أبلا تكذاب
سادس مؤتمر للعمال	

ـ قصيدة الثقافة الصحراوية:

يشعب الصحرا ناصرك	مولان بين أقرانك

164

وبكبر أخيام أمحاصـــــــرك   لبنيت المهرجـــــــانك

لعدو ما كد أحاصـــــرك   عن تتحف به أخوانك

بثقافة ولمانـــــــــزول   ما تحتاج معها أحفول

صحراوية ولها وصـــــول   باني بها كيــــــانك

متميز بها فعل قـــــــول   فاول وأخر زمـــانك

بخيامك تزها للدخـــــول   مفروشة للعــــــانك

يجول فيها عرظ طـــــول   فامانك وفضمــــانك

بالز غاريد وبالطـــــبول   أخوانك راوا حسانك

ومن اداني لقصى الـدول   تراثك رافع شـــانك

ولنتفاضة ظل اكــــــول   شكرا وفكل احيانك

نثر موزون بكل هـــــول   وبطلعك وبكفـــانك

وبتضامن الفيه مـــــول   لها كامل عــرفانك

بالشعب الصحرا

ـ قصيدة الشعب الصحراوي

يا شعب الصحراء كل عام   شامخ رافع هاماتـــــك

باعرق ثقافة بالـــــدوام   من الابتلاع احماتــــك

من جنوب المغريب لين   واد الذهب متمسكيـــن

بالثقافة متميزـــــــن   فم اولادك وامناتــــك

ولشهداءك وافيـيـــــن   بالعهد وشهيداتـــــك

نالي وذكور مخلديـــن   معك احتفالاتــــــك

باسمك حيهم كامليـن   شعب بكامل فناتـــك

يا شعب الصحراء كل عام   شامخ رافع هاماتـــــك

باعرق ثقافة بالـــــدوام   من الابتلاع احماتـــك

عندك ثقافة ماخفيـت   للمنها كامل فات جيت

عليه فماضي لو حيـت   وفكامل ذكرياتـــــك

والثقافات الفات ريت   فالعالم ما نساتــــــك

فموروتك ولما ارضيت   بلغيرّ مخل أماتـــك

ما ترضى كون اللي ربيت   به فماضى حياتـــــك

165

كشعب اصيل ولا مشيـــت	عن تقاليد اباتـــك
وفمهرجانك ذا الكيــــت	بتراثك شامتـــك
من واد الذهب بيت بيــت	لكليميم بصفاتـــك
وبتراثك ولما نسيــت	محفوظ فذاكراتـــك
من الشعرك شعبي لو حكيت	بطلعك وبصباتـــك
وبكفانك وبمنة بيــت	وكرز وتهيديناتـــك
وياسر منو ماحصـــيت	لشوار وحمياتـــك
يا شعب الصحراء كل عام	شامخ رافع هاماتـــك
باعرق ثقافة بالـــدوام	من الابتلاع احماتـــك
عندك ثقافة مـــاورات	مثيلتها فالقارات
الخمسة بها شهـــادات	لشخصيات الجاتـــك
من كل بلد واللي حظـات	باحر استقبالاتـــك
دخلت المحاصر يوم جـات	تتنزه فمخيماتـــك
سود اكيارات مشيـــدات	باني فيهم بنياتـــك
بيظ فالخيام العـــرات	بثـــائك ودوائك
من توراتك متنوعـــات	فلخيام وثيـــاتك
وبرداتك راشكـــات	لبنـــود وز غرتاتك
الوفود لحضرت ما خفـــات	عن عريق عاداتـــك
كشعب اصيل وثابتـــات	بها مقوماتـــك
وسائل عيشك ناعتـــات	للماضي من حياتـــك
وفلخيمات مفصـــلات	كهلاتك وصغراتـــك
لملاحف نيلة لابسـات	والبيظ من ازار اتـــك
وبعاداتك متميـــزات	عن غيرك وبصفاتـــك
وفخيامك ظلوا لافتـــات	الانظار بذاك امناتـــك
بسنامانة ظافـــرات	فخيامك طفلاتـــك
بجدايلهم منتـــات	بيد ظفر ظفراتـــك
وفمهرجانك بـــارزات	حاصوا روس انعاماتـــك
فالمهرجان محشمـــات	لعدوك الل عاداتـــك

166

حي للنتفاضاتــــــــــــك	وفكل احيانك ظل بات
ببطالك وبطلاتـــــــــــــك	فالمناطق متواصـــــــلات
شامخ رافع هاماتـــــــــك	يا شعب الصحراء كل عـام
من الابتلاع احماتـــــــك	باعرق تقافة بالـــــدوام

. رثاء محمد سيد ابراهيم بصيري:

مصير من عام السبعـــــــين	محمد بصيري مجـــــهول
فالموتة ولل فلحـــــــــــين	ماه خبر يقين أيـــــــــكول
بيري نيليما ذاك الحـــــــين	واللي عن مصير مســـؤول
فجر لنتـــــفاضة ماذل	محمد بصيري بـــــــطل
من سبعـــــين ومن دون أمين	زعيم ومصير نـــــجهل
الصحراوين اجمـــــــعين	نادى بالجهاد الـــــــى كل
واقسم بالقران بيمـــــــــين	بسل بالكفاح و هـــــــل
بالكفاح ومتن اليقـــــــين	عن شعب الصحراء يستقل
إيناجوه المناضلـــــــين	وانهار الزملة بات وظـــل
لبلد امن يسوى فـــــــنين	اكلول عن يرحـــــــل
داخل شعبٌ وبعين فـــــعين	رد كان الحاصل يحصـل
مصير واحد من لثنيـــــــن	يستشهد ولل يعتـــــــقل
عنُ خانُ الصحـــــــراوين	من خوف التاريخ يسجل
مصير من عام السبـــــعين	محمد بصيري مجـــهول
فالموتة والا فالـــــحين	ماه خبر يقين ايكـــول
لمريات وخط الرمـــــل	وفلعيون انهار الزمـــلة
سابع عشر ست سبـــــعين	واكديم ازيك اكد شـــعلة
اتنادو الصحـــــــراوين	شرك وســاحل تل وكبلة
فزملة صبحوا مجتـــــمعين	لنتفاضتهم بالعجلـــــة
صوتا لشعب السبـــــانين	ناثي وذكور إلين اعلـــى
بولاد الشعب المخلـــــصين	وبكثرة ماة بالكُلــــــة
عينيهم قوات اللـــــــعين	والمخلصات المـــاتمل
ولاة موس ولاهي سكيـــن	لستعمار ولاهي نصـــل
وبليمان وعزم ويقـــــيين	لامدفع ولابعظـــــــل
طرفة بمعارظ صـــــونين	واجه بوليس الذاك امـــل
وبدين البالات فلـــــيدين	ويدين الفسان أشـــــغل

167

وإرادة صـــــلبة لا تلين	وخشب حمز دخن كحـــــل
للجنودالمدججـــــــين	وبذا واجه لكبرحـــــــمل
هـــجموا ذوك المســـلحين	بسلاح أسلايك لبـــــــل
دون أتميز من بين وبيـــن	على الانتفاضة عـــــزل
شـــهداء فم بشوف العيـــن	سقط لعصير القتـــــــل
المجاريح اللي ذاك أنـــــين	ومعهم سقطوا بـــلـــعـــجل
مدخل ذوك المختفيـــــــين	والمستشفى منهم مـــــتل
من مئات المعتقـــلـــين	حبس اكحل يعطيه لخـــل
شتت ذوك المناضلـــــين	ونتقم لعدو وتنـــــكل
ووسرد وفسجن الفرطـــين	فالكلتة ولبير وتشـــلة
فيه وفتقاريتي وحديـــــن	القنديل وبجـــــدور ألا
يخلك تصال أمبين اثنيـــن	وفتنار يفي لعـــــــل
بعدالزملة بثلت سنـــــين	من ذوك العادولو عـــل
وفشعاع ثورة عشـــرين	ظوء انتفاضة يتـــــلئل
فالعام الثالث والســـبعين	من ماي انطلقت منسبـــل
بسبطعشر مقتايـــــــن	بسلاح من اول وهـــلة
عن الاهداف اللي مرسـمين	جيس التحرير الما والـــل
لشعب فكل المــــيلدين	لستقلال الي يجـــــل
ذات السيادة كل حين	جمهورية مستقلـــــة
مصير من عام السبـــعين	محمد بصيري مجـــهول
فالموتة والا فالحيـــتـــن	ماه خبر يقين أبـــــكول

‎. قصيدة رثاء الشهداء:

ماخاب فشهيد استشــــهد	ياشعب الصحراوي ظنك
عاهدت ووفال بالعـــــهد	فالميدان أدافع عنـــك
يوم الشهيد يوم عـــــيد	يا شعب الصحراوي تـخليد
لشهداءلا تـــــــردد	جددفيه العهد بتمـــجيد
ياشعب العهودك جـــــسد	فالعهد بلاشرط ولاقيـد
مضامن كامل مـــتوحد	لشهداءك باليد فالـــيد
فالتمجيد وهيدن وانشـــــد	بليكبار ولجلال وزيد
الفوك انشد بيه وزغـــرد	بطلع واغاني وانشـــد
احسب كم من مكسب يشــهد	يالشعب القريب وبعيد

168

لصنعك شهيد وشهـــيد	لاتغفل عن ذاك التفـــكد
ذامن مكسب ينزاداجديد	ودروس وثمار تحصـــد
ضحوامن اجلك باش اتعيد	حريتك مانك مُســـعيد
محترم فوك ارضك سيد	مستقل ومافوكك حـــد
تبني وتشيد كيف أتريــد	مجد شهداءك وخلـــد
يوم الشهداء يوع العيــد	جدد فيه العهد وصـــعد
من نضالك ساعة لكريد	وكل احتمال التوجـــد
لعاد السلم بعيد اكيـد	ول عذذ باب انســـد
لا بد الترجع لتصـــعيد	للكفاح ولا بد اتـــرد
اعلى لعدو فم بتشـــديد	ضربات الجيش الي يعـــد
العذ للحرب ابمزيد	من سلاح اطور وجـــد
وبلـنتفاضة كامل شـــيد	ولها حي ولها مـــجد
للجيش المغوار الصنديد	حي وأشكر لا تـــتردد
	ياشعب الصحراوي وطنك
عاهد شهداءك الـــوداو	الامانة عاهدهم وسخاو
بالمال والارواح وضحاو	مـن اجلك بالشعب التفـــكد
قوافل شهداءك وفـــاو	بالعهد وصنع كم من مجـــد
عاهد شهداءك الظـــواو	طريقك بالدم وعـــبد
عاهدهم سقطوا يتمنـــاو	لستقلال الي لو نتـــشد
عاهد شهداءك الـــدواو	مرضك وذاك عليك اجـــد
عاهد شهداءك الگـــراو	اجيالك صبحوا لك سنـــد
عاهدهم واحسب كم اكسـاو	من عريان اليوم امجـــدد
عاهدهم واحسب كم اسگـاو	من عريان اليوم امجدد
عاهدهم وحسب كم اسگاو.	من عطشان أشرب مـــاورد
عاهدهم واحسب كم اغنـاو	بلا كد ولانكـــد
عاهد شهداءك الخـــلاو	شعب بكيانُ مشيـــد
عاهد شهداءك الـــرباو	بالتضحية اجيال الغـــد
عاهد شهداءك الخـــواو	بيناتك بالوحدة تشهـــد
عاهد شهداءك القـــواو	مؤسساتك لاتجحـــد
عاهد شهداءك الرصـــاو	صفوفك ظل الهم خلـــد
بسم الشعب اللي لك سمـاو	ماسماوك تسمية حـــد
عاهدهم واحسب كـم اروأو	بالدم من ترابك شتعـــد

169

عاهد شهداءك العـــــلاو   صوتك فالعالم يـــــــردد
وبفضل التضحيات لطـــاو   باني الدولة مارك من خـــد
الدنيا الكصي يتغنـــــاو   بها لجيال الى الابـــــــد
عاهد شهداءك انتجـــــاو   من حقك يالشعب اتفكـــد
لمانة لعليها وصـــــاو   وديهابالفعل وجـــــــدد
عاهد شهداءك وجزاو   بالشـــبواب الي مالو حـــــد
والله أرضى عنهم ورضاو   خالدين فجنات الخلــــــد
صنعولك ذا كامل وامشاو   ترحمهم بالواحد لاحـــــد
شهداء ماكط اتمـــــداو   فضحيات ابا عن جـــــــد

ـ قصيدة عهد الشهيد ألا يلح:

عهد الشهيد ألا الــــح   أعلى التجديدُ نـــاذ
الشهيد البشير لــــح   لوي رمز الشهــــاذ
اول شهيد نودعـــوه   ثامن مارس ونخلـده
باكيرتمجيد نمجـــدوه   درب ظو يتكـــاذ
حاسي معطلة سعد بوه   لل سقط عندو بـرادة
صلبة العدو ما زحزحـه   ألين بروحة جـــــاد
للشعب وقبرُ نـــــعتوه   فالجديرية ما حــاد
عنها شهيد أبنبوه   ولل تبعة من شـــــهلاذ
افران ذوك الماثلــــة   فالتضحية كالعـــادة
رفاق الدرب اليكنـــوه   عنهم لمـــــا اراذ
على تحقيق عاهـــدوه   مافيهم حد اتمـــــاد
فالتضحية ما خالفـــوه   ضحاوا بلا هـــواذ
قوافل ظلوا يتبـــــعوه   لتحقيق السـيادة
للشعب من اجل يوصلوه   كامل دار السعاذ
ولي صنعوما ينكـــروه   الاجيال لهم مـــجاد
واللي شهيد اتفكـــدوه   بالرحمة والاشـــادة
ناني وذكور نجـــدوه   شعراء ونشـــــاد
شهيد أستشهد يشكـــروه   فالكل اسمح مـــاعد
حرية شعبُ قـــــدروه   جماعات وفـــراذ
عهد الشهداء مـــــونه   فاعناق الشعب كلاذ
عهد الشهيد الا الــــح   على التجدي نـــاديه

170

الشهيد البشيـــــر لح   لاوي رمز الشـــهادة

ـ قصيدة رثاء لشهيد محمد فاظل اسماعيل:

محمد فاظل اسماعـــــــــيل	يالرحمان ارحم وبكثـــرة
عن جدارة باحسن تمــــــثيل	مات أمثل شعب الصحراء
محمد فاظل يالقهـــــــــار	يالله اغفرلو بالغـــــــفار
لشعب الصحراوي الاصــــيل	ولد اسماعيل الابن البــــار
ضحى بها واثناء اليـــــــل	سخر حياته كل انهـــــار
نضالٌ مشهور فســـــــيل	ناضل فالسر وفالجهـــار
ولغزو المحتل الدخـــــــيل	تحرير شعب من استعمار
معروف لو من دهر طويــــل	يسكى لعدوه الا لمـــرار
سامي فالدولة مُحليـــــــل	مجازي فالقانون أطـــار
ثورية من مزال اطفيـــــــل	سياسي محنك بافكـــار
مخضرم ذا كامل تحصـــــيل	مخلص للشعب باستمرار
به اشهدلو ذاك رعيـــــــل	حاصل به الفت لنظـــار
ظل فطليعة ذاك الجـــــيل	الول به انهار الثار
وامام وخلف الين اكبيـــــل	ناضل يمينا ويســـــار
مثلْ تر حمهم بالجليـــــل	انضم لقوافل لبـــرار
محمد فاظل اســــــاعيل	يالرحمان ارحم وبكثـــرة
عن جدارة باحسن تمثيـــل	مات أمثل شعب الصحراء
للسمعو كامل واللـــــي راه	لافت الانظار والانتبـــاه
خصُ بالشكر والتبجـــــيل	من دون شعبْ لين اقصــاه
انتصار الابن الفضـــــيل	وشعب هنيا لصدقانـــــه
المعاكس ولد اسماعيـــل	بالفوز الفاز فالاتجـــــاه
ملك وحشمان وذلـــــــيل	ركع لشهب وتبع مـــولاه
على لحبل مكطوع الذيــــل	ولسبكو والعكبو مشـــاه
محمد فاظل يستـــبطيل	به الحق يعلو علاه
بلحق بجمل وبتفصيل	فاز على الاشهب وتحـداه
به اهزم خصم بالدليـــــل	ولد اسماعيل الحق معـــه
والعالم راه ولهاه أكليل	واضح في الجزيرة رِيناه
بالفـــوز الحقق بتروجـــــيل	حياه بتصفيق وهناه
بلسانْ والاقلامْ لتســـيل	ولد الشعب الحقق مناه

171

يكتب عن شعبٌ فمقيل	بعرك ودمـــــــوع ودم واه
تجميع وتصحيح وتســـــجل	وفالمبات ولاكط أخطـــاه
من جيل الى جيل الى جيل	تاريخ الشعبُ من ميـــداه
حب الشعبُ مداه أطـــويل	مسجل گــــــدام ووراه
وعن خطاهم ما گد اميـــــل	وافي بلعهد للشــــهداء
لجل المحتوم بلا بديـــــل	عن طريق البن الوفـــاه
يصنع بالفكر المستحـــيل	ومن ميزاث ومن مزيــاه
شرك وساحل تل أستگــبيل	بسمع وليبصر وبخطـــاه
بلي يملك ماة بخـــيل	ومن أسخى شعبو وصحاه
كامل معترف بالجمـــيل	والشعب اصبر موث وارثاه
مولان بالخير الجـــزيل	لمحمد فاظل جـــزاه
فاخرتو من دون التاجـــيل	ويجعل زاد الجنة مأواه
امنين ارحل ذاك الرحــيل	محمد فاظل ودعنــاه
فقدانُ نعم الوكيــل	وفقدناه وحــسبون الله
لخير وفظل الظليــل	اجيه الـــثواب فمثواه
محمد فاظل اسمــاعيل	يالرحمان ارحم وبـكثرة
عن جدارة باحسن تمـــثيل	مات أمثل شعب الصـحراء

. قصيدة رثاء أول شهيد في أنتفاضة الاستقلال حمدي لمباركي:

بالدولة ومن ابطالك	ودعتيه وفخــوربيك
ول حمدي ول السالك	فاكديم ازيك أمبـاركيك
بالمجدالي خلالـك	ول المحجوب الشاع فيــك
بالجمهورية مجـديه	وفكل اعيادك ابنـيه
ول السالك طبـالك	ول المحجوب اتفـكديه
واغلى شي به اسخالك	لن جبتيه وريتي الغيــه
ضحى باعز المـالك	بالروح وذاك اللي عليــه
من أبطالك مـذالك	ماهولول لتودعيـه
استشهد من رجـالك	كم من شهيدتخلـديه
من كهولك لطفـالك	وفقدتيه وظـلير ئيـه
ول حمدي ول السالك	فاكديم ازيك مبـاركيك
بالمجد اللي خـلالك	ول المحجوب الشاع فـيك

172

- قصيدة لنتفاضة صلاة:

الانتفاضة صلاة أعـــــــلى   اول شهيد لها مـــدفون

فكديم ازيك أصبح قـــــبلة   للي من صحراوي فالكون

شرك وساحل تل وكـــبلة   ريف ومهجر مُدن وهـون

رابع عشر يناير عـــــــام   الفين وستة من الايـــــام

الي كتب فيهم لقـــــــلام   صفحات امجاد العيـــون

الي لفو حمدي فعـــــلام   دولة شعب لون على لـون

من باب المستشفى وسام   الثامن هوالمثـــــــمـون

لعلام الورة والكـــــــدام   خفاقة من فوك الحـصون

وارتال السيارات احـــجام   مختلفة مُتســـــابقون

وفموكب سير على لقــدام   اعلام الجبهة خفـــاقون

ومن ازيك ال حي الـــلام   الود الذهب مامخزون

عاكب حمدي علم فامـــلام   جنوب المغرب والمـدن

المحتلة كال بالتمـــــــام   كلمة بها مؤينـــــون

حمدي من لبطــــال العظام   بناء الشعب المخلصون

كام الموكب رغـــم الالام   الحصار ورغم السـجون

من لعيون بدون احـــترام   للواضع لعدو من قـــاتون

ماجحدت وسائل الاعـــلام   مراسيم الدفن المـــعلون

مجد تقدير ولحــــــترام   لنتفاضة برولك وامــزون

- قصيدة رثاء الولي مصطفى السيد:

الولي استشـــــــهد بالله   جازيه الخير اعـــــــال

لعمل للشعب الـــــي ارثاه   فستـــشهداً بـــــكمال

شعبُ ساعة فقدو أبـــكاه   من كهولو لطــــــفالو

لصنعلو وزني ما حصـــاه   ودوني من خصـــــال

فجر ثورة عشـــرين ماي   خبرها عـــــم على ارجاي

الكون اللي ما كـــــان راي   عنها خـــــبر نعطال

ولها جاب الماكين جـــاي   ودعمها مـــــن خلال

رغم الحصار اللي كــان ماي   فكر عن يتـــخطال

من غير الولي الكام گـــي   س الـخـــــارج وتلكال

بتأييد من اقصى انحـــاني   لعالم كامـــــــل نال

باسم الشعب الـــــاكان شايع   أسـمو وسـع مجـــال

173

قين فصـــــــــــحة مقال	فالشعوب الدعمــــــوه ثاي
مين ودعـــــــمو لنضال	وترك للشعب اصـــــحاب داي
د ابلد ثـــــــائر صقال	وبذكانه اكسب كل قـــــاي
وكف وبدعم اسخـــــال	شعب الجزائر شعب مـــــاي
يرجع وفكـــــل احوال	نابع من مبادي مـــــــاي
ر الولي الذـــــاك وكاله	وفخطاب الوداع شـــــاي
ر الولي الذاك وگـــــال	وفخطاب الوداع شـــــي
حتمـــا ســـوف يونالو	وفخطابو سمى اشـــناي
رجع دون اســـــتقلال	وجود الشعب الـــــكال ماي
لاعجاب الكـــامل جال	ماخيب ظنّ ظل نانـــــي
دعمو سابك تيجـــــال	لتركلو من صـــــديق راي
نصره بلي خـــــلاث	للشعب انظم ظل جـــــاي
سمعو فالشـــعب ابني اساس	الولي استشهد مـــــادناس
شعبٌ كامل نـــــدال	بالوحدة وحـــــد كل ناس
ومن اعـــــداد وميال	جاه من بعيد بلا حـــساس
حقق لشـــــعب امال	ما هاب اللوان ولا اجـــناس
من شيء فـــيه ودوال	دوالو ذاك الكط غـــــاس
بافكارو استـــــنصال	بالوحدة سوى كل نـــاس
بهم شـــــعبٌ مذال	لخطر لمراض الكـــان حاس
معارك جيـــش ابطال	واعلن دولة فحمى اوطـــاس
عدوه الـــــين اذلال	جيش التحرير البـــيه داس
عزمٌ بالغـــــير امال	بابطال الجيش المّا انقـــاس
فيه استشهاد ولا أنكـــال	الولي استشهد ما ثقـــال
ولا شي غير يبـــكال	عنه شهيد من اجل مـــال
شعبٌ فناث كتـــــال	سبل روحه لســـــتقلال
والمصطفى طـــــبال	طبوبى لبروك ام اگـــبال
بطل ذي مشـــهودال	نجب الولي من الـــرجال
شعبُ نيل أستقلال	وقضى نحبـــو مزال قال
ايام الولي طـــــوال	شعبٌ كامل مصاب گـــال
على شعبه هـــــلال	اين اعيش استقلال هـــال
عمره ولكال امـــال	به الشجاعة ما اطـــوال
ريضى شعبُ مـــذال	ضحى شهيد ابذاك نال
عليه علنـــو نـــال	نايل رضى الاـــه دال

174

نساء رجال واطـــــــفال	شعبُ شكرولو ماگـــــلال
اجيال بعد اجيـــــــــال	ولاهو من شكر الولي مـــال
شكروه بزين اعـــــــمال	واحرار الكون الفيه جال
شعبُ وبكل احـــــــوال	وبشكره بات وبه ظــال
عن تمجيده لبطـــــــال	شعبه دهرا ماكـــط مال
شعـــب يشـــهد بكمال	كبل الولي وعكبـــوه سال
بالعهد اوفاو الگـــــــال	عن شهدانه فكل حـــال
على عهدُ مزالـــــــول	وابكى متكول على ابطال
مولان لو وامـــــــــثال	ما بدلوا تـــبديل كـــال
بنات افكاره وكايلـــــلات	الولي فعقلُ بـــــارزات
لو بها من خـــــــلال	عنه نجيب وشـــاهدات
جامعه شهدتـــــــهال	و بجامعة لو ما خفات
فيها حد من امـــــثال	عنها قبلُ مـــــاكط رات
غير الولي اللـــــي حال	من طلاب ولاطـــالبات
فاعلى مـــــــعدل نال	عن سؤالٌ كيفه فـــات
من عشرينو نعــطال	فاتسطعشر لو به جـات
شـــــماتوو المازال	اول ترتيب ملگبات
لرقم لول شــــــال	جامعاتُ مسـتغربات
ظوءُ واسـع مجال	بافكار الولي الظـاويات
فشعبُ لـــين اذلالٌ	ذلل صعاب الفـايئات
بافكار الـــولى اگلال	وكلالٌ كانوا يـاسرات
للعادة وفمـــقالٌ	بافكار الولي الخـارقات
كبل استشهاده كال	للوضع الحـالي ناعنات
وفحلُ وترحـــلال	لقانه بالاطر ظـل بات
تحذير من استفحال	يشرح سيماتٌ كـاملات
كانوا للشعب اـــال	بعقليات مخـيبات
عند الولي ارتـــجال	ومن الميزات الـنادرات
من شيئ ما يـــولال	يلقي خطب مـسقات
مستـرويهم يطوال	ماهم فوراق مسطرات
لسامع يسوى حـال	والايكسار واضـحات
للشـعب فكـل أحوالو	كبرُ وصغُ موسوعبات
باتو وظلوا يناكاول	لجيال بعده بـاگبات

175

بعد استشهاده خـــــالدات   فالتاريخ ومـــــــــزال
مذكرات شـــــاهدات   عنه ماتورين اقـــــوال
الولي الي مـــالو قرين   فانحاء العلم كـــــاملين
رفاق الدرب أمـــــسلمين   لو بها ذاك الـــــكال
رفاقه وشعب شـــاهدين   عنه بطل بافـــــعال
والبرهين مصــــدقين   فالميادين اقـــــوال
مول مواقف صـــارمين   والجرءة توخـــــلال
فالمخاطر يـــــمسوى امنين   يطرح كل احـــــتمال
بدرس وبالنـــــحليل لين   الخطر يـــــصدال
باردة صلبة ماتلـــــين   وإعود النـــــصر الال
فول لابناء البـــــارين   لشعب مـــــعروفل
وامثال الولي أكلـــــيلين   والشجاعة تبـــــكال
بالعهد افاء لك كل حين   ونت يالشعب أفال
بالعد الي للو فيك دين   وشهاذ لمشالْ
واستشهد عين دك عـــــين   مع لـــــعدو ومالْ
فاتلت شهرة وأكلـــــلين   نظم شعبُ وابـــــذالْ
دولة لجبال الصاعدين   لاتزول بـــــزوال
الولي استشهد يـــــالله

ـ قصيدة يا الاهي :

يا إلاهي روف أعـــــايا   بالتوبة والعـــــلق بـيا
وأغفر ذنوبي كلـــــيا   وانت خير الـــــغافرينا
متوسل لك هون بمـــــنة   وربطعشر ســـــورة بينا
مكية ومدنـــــية   نزلت وحي علـــــى نـبا
محمد خاتم لنبـــــياء   ذوك لســـــبگوه أجمعينا
واغفرلي والوالـــــديا   والجميع المســـــليمينا
بادي باسم الله الرحـــــمن   الرحيم الكـــــون لكوان
وبالفاتحة بادي عجـــــلان   تاليهاـــــور بينا
البقرة وال عمـــــران   والنســـــاء وروف علينا
بالمائدة لنعام اگـــــران   لعراف ولنـــــفال أهدينا
بالتوبة يونس لاجحـــــدان   وبهود ويونـــــس تعطينا
ياربى جنة الرضـــــوان   يارحـــــم الراحمينا

176

والحــــجر والنحل السليم	بالرعد وسورة أبراهـــــيم
واصـــحابٌ أية بينا	الاسراء والكهف العظـــيم
أولينا واخـــرينا	جرنا من عذابك للـــيم
طه وبســورة لنبياء	وبسورة مريم مــكية
بيهم مـــن الامراض اقينا	الجح والمومنون حمــوة
والشعراء و النـــمل اعطينا	بالنور الفرقان وهـــ
يا اكرم الاكـــرمينا	بالقصص خير العـــطايه
والسجدة والاحــزاب ولان	العنكبوت الروم ولقــمان
فيهم مـــن أية بينا	سينا سبأ ولـــى بان
منجية بــها نجينا	فاطر ويسن من الـــقران
يا ارحـــم الراحمينا	من لعذاب وحر النيـــران
غافر ونـــمر لسور	والصفاة وصاد وزمـــر
ولا خلـــينا	للزخرف أملي نذكر للدخـــان
محمد والفتح عطينا	الجاثية لحقاف ونذكر
واجعلنا من الذين يشربـــون من الكوثر	فضل وبطة كل السور
بالاله العلى الكـــبير	واسكينا مـــنواروي
يا ربي بالنصر	افتح بيننا وبين قومنا
بالحجرات وقاف وايـــات	ونت خير الفاتحـــين
گرات النجم والقمرمتـــسلات	الذاريات الطورنـــ
رينا والواقعة فلمنجـــيوات	والرحمن الفات اگـــ
مجادلة والحشر جـــات	والحديد ولاخليـــنا
لصف والجمعة مـــافات	من بعدها المـــمتحنا
ونسألك محو السيـــنات	من عد الســـورما وفينا
وسورة باسم المـــنافقون	وارحمـــنا وتوب علينا
لطلاق التحريـــم وهون	وعائبها جـــات التقابون
والقلم مبداها بالـــنون	سورة المـــلك البينا
من حوضك ياربـــي وأنكون	وبفضل القـــران اسقينا
والحاقة كيف المـــعراج	له من الســـابقينا
حدنا عن ســـراج وهاج	نوح الجن المـــزمل ماج
بالمدثر عـــجل فراج	القرآن الفات اگـــرينا
بالا نسان وبـالمرسـالات	وبالقيامـــة روف علينا
عبس سورة ما نتسـات والتكـــ وير ولاخلين الانفطار	وبالنـــبني والناز عات العـــلق جات

177

نقل كفنات الحســـــاب	ويل للمـــــــــــطفيفينا
للمسلمين والمـــــسلمات	يوم وضـــــــــــع الموزينا
والانشقاق الـــبروج انضيف	مؤمنيـــــــــــنات ومؤمنبنا
للغاشية والفجر كيـــــــف	الطارق لـــــــــعلى لاتحريف
لليلي و الضحى تعريف	للبلد وتين جينا جيـــــــينا
والعلق من دون احذيف	للشرح التيني اللـــــــــي كرينا
والزلزلة والعـــــاديات	للقدري كيــــــف البينا
والتكاثر والعصـــرجات	والقارعة جـــــــــات بثبات
	والفيل وقريش وايـــات

الهـــــــــــــمزة ذي لتلينا

الكوثر وسوروحـــــدات	و الماعون المـــــــــاجولينا
بالنصر المسد ما نتســات.	لكافرون وهـــــــــدينا
بالناس سور متمومـــات	لاخلاص القـــــلق وانهينا
سوره واحزاب ستـــــين	منة واربعطـــــــــعشر احصينا.
لستة الاف ازيد منتـين	القران أبـــــــــاتو تبين
وبالسطعش انتم يقين	وربع مـــــــــنة وخمسين

ا

وبفضل احرو فمجمـــعين	عددالايـــــــــات اجمعين
	ياربي عافية الـــدارين

واحز ابوســـــــــورو الينا

بجاه سيد المرســـلين	ولجميع المسلـــــــــمين
صلاح الدارين الثـــنتين	لجاهو عند اللــــــه اعطينا
يا الله روف عليـــــنا	حـــــــــــيانا وميتين

. قصيدة يا العكل الكعدة:

بعيد مــنك مابكـــناها فـيك	بالعكـــــل الكـــعدة ويزيك
وافية فحـــــــــمي أريدال	واسريـفة مــــــبعدها ذيك
فيك بـعدو يالـــعكل أشــقال	وگرير أسمو بولاد اعـليك
گرير اسمو بلبيض أكـــبال	كيف بعد أمـــعاه أتشيكيك
أفـــــطوط الـساحل مزال	بالعكل الـــــــيوم أناديك
تذكرو من جملة لطـــــلال	والذراع الـــفيه اناجيك
مابخلتك بغـــني يـــنگال	گولو يالـــــوطن لبيك
غير ذاك الحـــگتو مــحال	فكل وزن انجيب اساميك
ســـاحلك والوســـط بكمال	زين تلك شرگك گلـــــيك
زين كامل وبلا تحـــــــثال	بالوطن مافيك اعـــلوك

178

بالعقل اللي دمــــعك سال	غير بعدو باكاك الفوك

. قصيدة ذاك طارف عبدة:

دارك فلقمام ومسجـــون	ذاك طارف عبد مـــسكين
وحازنين أكلاب الكـــمون	واد بنية كـــيف حزين
وحازنة تـــشية وكليب	حازنين وحــــازن الكريب
واودار وعـــظمو محزون	جــــارها من شرك أكريب
كارة البكاري وعـــيون	والطوارف كيف اعراگـيب
ذاك لطرى ماهو مظنـــون	بين علب وعلب وعـــجيب
ولا تلا أمدگن مســـكون	ماتشوف فلكريب اكـسيب
ولافويك ولا حــــية هون	ولاتشوف الحيوان اعزيب
ولا رحيم الوكر المسجون	ولا الهيبة ولا فيه الحبيب
ما ايخيب كان الظنـــون	وعاد ظن أهلو فيه اخيب
فارگين اعليه الحصــــون	وعاد كيف المؤمن مصيب
بين ذو لوكــــار ولعيون	وعاد لمجى والمشي اصعيب
عاد عيب أمن هــون ودون	كان زين اليوم اصبح عيب
للاهل هون وللاهل المدون	جيب نصر وفتح اكريب
بين حرف الكافي والسنون	يالله اللي لفضلك غـــريب

كل شي للامرك يستجيب   عند گـــــولت كون فيكون.

قصيدة زين انهاري:

زمـــور فلـــخطار	زين نـــهاري ذاك عابر
تفريظ الـــــنوار	سامع تصفار أمـــجابر
زمـــور ومسملة انقيلة	لي عنو مدا السـطويلة
بـــعدي من لـــوكار	فينا ماهي أكـــــليلة
بـــزهى لزوار	زمور اعلى زين حـيلة
ولا ظـــليت أ نهـــار	كيف الما بت لـــيلة
وكعـــيدة لبار	أفعـــظم الريح وفـخيلة

. قصيدة أشركان:

ذهي بالعـــن	شـــوفي لك يالعـــين دارك
شرك أم الرويـــمن	بين أشرك وبـــشرارك

179

وجبيلات الــــــــــــبيض بانو   ســاحل ذاك ولا أشيانو

لفكــــــــــح كط الى ازيانو   كـــــــيف المـنحر زين

وكارزرز ذاك شـــــــــــانو   لــخظر زين الـــــــين

لبـــــــيض خوه ألا يحانو   حيتهم لثـــــــــــــنين

وأم اعـــــــبانة فــــم كانو   فيهـــــــــم لك دارين

. قصيدة ميك :

مـــــجك هذا الدهر فكعو   سكـــناتو مافـــات رجعو

عاد أمحرر ذاك طــــــبعو   مـــــــــرات ومرات

وبذا مــــــجك سال دمـع   والزعــــــــزاعيات

مافيهم حـــــية وتجعو   كــــــيف الــفرفرات

مجك عاد أظــــــل باكي   من تفـــــكاد الـــفات

والطرطاك اعليه شاكي   فمظل ولـــــــــمبات

مجك هذا الدهر فكعو

. القصيدة الكربان:

نزلني يالله داير   فمــــنازل لسلاف

فتشية وافذاير   وكريب انــــكراف

نبقي وكري ذاك بـيا   بعدو عادأطميم فيا

كالولي مافيه حية   وهلو ما تنشاف

ذاحزمو ولا اعليا   كامل بتشظاف

ومن الفجر الى اعشية   أنكرر بتلهاف

نزلني يالله داير

. لعتيتابي:

وكري زين ولانسيتو   ياعكلي موناك

لعتيتابي كط جيتو   وكلاب أحياك

. قصيدة لحفر والمنجاع :

كلت اكويف امعا اطلبعة   ما فيهم نزاع

لريدال وبو صكيعة   لحفر والمنجاع

بل ادياري فسبيطة   ساحل ذاك الاعويطة

180

وفجليت لكراع	فيهم طيت أتميشويطة
كنت انا رتاع	فلفم من التليوطة
كون افذي البقاع	فوكراي وبلا خطيطة
فنوار انواع	وفتمكرارين ليطة
فز وبليلة شاع	اربيعو فستيمليطة

ـ قصيدة من بنكارة:

ساحل عدت أنميل	من بنكارة للاسريفة
ذوك وسهب النيل	شور اسانف وجحيفة
ولخيالات ابكو تلي	عن تنويمل مانولي
ساحل كان أمكيل	وكرار الكعتا اظهرلي
كامل وغريبيل	للبل ذاك لوكر بل
	من بنكارة للاسريفة

ـ قصيدة سهب النكد:

بيه امركلو ليد	سهب النكد أشكا اعليا
كيف أتوينفيد	ألي يعرف من الحية
كبل شرك الى السمارة	ولمراميث بلا اعمارة
حد ايجيه اجديد	وكرير لكمين مارا
من سكان أبعيد	لاهي يعطي فيه مارا
بيه امركلو لي.	سهب النكد أشكا اعليا

ـ قصيدة لعريك

مارتها لعريك	هذا الدهر الا احمالي
ماتا فيه افريك	فكفل مجك بات خالي
عن ذا لبلد كط نقصد	وكليب الترشوش يشهد
فيه أفريك أفريك	ذاك الدهر وكط شيد
شوقو ماه البيك	من لعريك اليوم بعد
تفكادو باحريك	لديارو ماكد يجحد
فكدو بتمحريك	بي أعدواه الايردد

ـ قصيدة أودي أ نصي:

181

ياعكلي بات الاحصى	فوكار ادبار السلافي
وحسب دار ودي انصى	وافي فلخط امكافي
من عندو كبلّ لا أكوي......	دير الكريب الى اودي
التبليت الي اصبي	بيرات اكثر تشظافي
وبلا معنى نسبان لي	كور أملي لعوافي

ـ قصيدة اجبيل الكارة:

لمبارك كان الا أبكيم	فلفيظة عند اعمارة
منزل فطير وفيميم	فجلال أجبيل الكارة
ذاك أبلد كان أبلا ادناس	يشفى لسقام ألا انكاس
ومن الفياظ لتيدماس	وصل أزين تلو شارة
لحدب كامل مافيه باس	من وكري مايبرى
وجنابة لحجر حد ماس	ماها من لرض أخسارة
وحرام تعود أبلا د ناس	مانعطي فيها مارة
ذيك أشارة واعلى أملاس	للي يفيم للاشارة
بعدي من وكري به حاس	غير الدنيا غدارة
ترى لفراح بلا اقياس	فيها والحزن تارة

ـ قصيدة الفيظة:

اللي حزم فيا ثقيـــــــــل	كلت فركان افريظـــة
فاجبيل الكارة وأجبـــــيل	لخظروخليج الفيظـــة
ذاالوكر الكانو انازلــــين	فيه الفركان العامريـــن
فالفيظة وفتـنويكنـــــــين	وجنابة لحجر بيضة
من لفكح لحفربوحـــسبين	ذيك طويلةواعريظـــة
ماموردة تراكـــــــلين	ولحيرش ذي موعيظـــة
واكبر معيظة حد كـــاس	لكتم واعلاب التيدمـاس
من الاهل اخلاو ذاك قـاس	فيا لعادو ريظـــــــــة
ما فيهم حيا بالناســـــس	تجليبة وتمگريظـــــة
اللي حزم فيا ثقيـــــــل	كلت فركان الفيظـــــة
فاجبيل الكارة واجـــبيل	لخظروخليج الفيظـــة

182

ـ قصيدة واد أم غريد:

لخظار اللي أدواي لقلـوب   نابث واد ام غريد فـــيد

شرط أعود الواد المحجوب   وام غريد اتعود ام غــريد

من تصريف الحي المتين   كاتبلي نسدر فالحـــــين

فعظم الطلع وفلي من بين   لوديان وطارف لحــديد

ذوك امگيرينات الثنتـــــــــين   عن گول الناس ابلد مفــيد

هاذو زينين ومسحوبـــــين   واملائين من اربيع جديــد

فيهم ربظة تزهى للعيـــن   غير الوكر انختير ابعيد

لكريب وتبشية زينـــــــين   لعادوا خظر وكطع العـيد

والمحجوب المقتوك متـين   شوقي لو وازراك امغـريد

واجنابة لحجر بالتـــــعين   لهما رجعني بالمـــــــجيد

لخظار اللي اداوي لقلوب   نابث واد ام غريد أفيـــد

ـ قصيدة زمور:

زمور اخل مات مسكون   من تصريف الحي الجـــواد

من عند الرغوة لجــحفون   لنفيظ اعوينات لوتـــاد

من تصريف الحي القــهار   زمور اليوم اصبح غفـار

من واد الطين لبولحبار   ماهي خيمة مــــــاهو رداد

لخبارولاهو نقل اخـــــبار   يناول عن فرگان اجـــــواد

كانوا منزل فيه فلـــخظار   فاللي اكب امكافي من واد

من ظهر أكنز ولامـــطيار   ذا الوكر ايامومعـــــــاد

لحماصر مافيهم تكـــــشار   كرماء ولاهم حســـــــاد

شتاو وفسكاوافــــلوكار   وفلمصيف بگصر المـــراد

لعگالي ماهم ما يمـــــرار   بارد باسط وبلا جـــباد

وخيام وبنيات وخـــــطار   مجبور احط واحد شـــــاد

ذاك مع ياسر من لســرار   ما نتسى باگي لتغـــكاد

واسلف يسايروكــــــبار   جايب رفگة بها ينـــــكاد

يتناتربحمولو لكـــــــبار   رجليه بسلاحهومـــــطاد

بالرباعية والـــــــورور   مصطاد من الوحش اللـي باد

انعام وغزلان ولمـــــهار   والريان فلكدى تـــــلاد

183

والبواه وفيهم صـــــواد	وانجب يورى فيـــــهم ديار
تنشاف الحية فم اصواد	ومن الظحي الى لصـــفرار
همال بعيد بلا ســــفراد	لمعاشر والد لك الخصـــــار
واجمال اديش فـــسن اگداد	واگلفان شوايل واعـــــشار
فاسمايل وادخل وفـــلمهاد	وايبال وغنـــــــوم فنوار
نوار الربيع اعداد اعـــــداد	يحمار ويباظ ويصـــــفار
واسراويل امكادة تســـواد	فاودية نطوال وتكصـــار
ابحطبو وادفاه المـــــعتاد	زمور بظلو من لســـــدار
كان اصبح حديث مـــعاد	زمور اللي يلفت لنـــــظار
فاوكاري ذا ماهو مـــــعتاد	بل الفرگان اطلال اديـــــار
مايشاف ولابلد الرمـــــاد	بل المرحان وبل الـــــنار
لمناصب من عـــسام اركاد	واللي فطان اشوف احجـــار
بل اصلاة اضحية الاعـــياد	وامصلي فاصل فالتشـــــهار
عباد المولانا ســـــجاد	وبل اصلاة الفرض من اثـــار
يتلوه بتجويـــــد اغباد	والقران اكبر وصـــــغار
الاجداد اخلوه لــــولاد	مراث اهل الصحراء عـــــقار
على طول وعـــرظ البلاد	اخلاق وعادات افتـــــخار
لزمور ومـــــولانا راد	ومن انين اللي شاعت لقـــدار
منو لاشك عن كــــاد	اخلاه ولاهو لختـــــيار
باللي حي من اهله يـــنزاد	الله اجدد لو لعمـــــار
والشدائد عنو تبـــــعاد	ويغيثو بالغيث المـــــدرار
للتغيث البلاد ولعبـــــاد	بالغيث بغزارة لمـــــطار
من تصريف الحي الـــجواد	زمور اخل مات مـــــسكون
الى فيظ اكويرات الاوتــــاد	من عند الرغوة لـــــجحفون

ـقصيدة أوكاري نوك:

اسهاب وافياظ وديــان	اوكاري ذوك ابعيـــــد ابگاو
تازور قوحريشت مـــيران	لعريظة وربيب وبـــلاو
حب الوطن من ليـــمان	وعلاه عليا ذوك اغـــلاو
من بعدو لي ضو سنـــين	واربيب لمغادر حـــزين
لگعيدة ماهي لنســـيان	وبعيد معاه العصـــلين
لخنيگات ومكسم فـــرنان	كيف امعها مامنســـين

184

ساحل ذاك على ري العـــــين   ينشافوا كور البرد أگران
والسكن ولرماث امســـــــاكين   وام بدوز ام الحـــسـيان
وادخل تيفگيون ثنتـــــــــين   لحصبات وحكم امـدران
الروظة والروظة فلحنـــــــــين   شوقي شور اوكاري يمتان
لودي الزاز ولاشـــــــــين   گريزيم لبحســـيوكان
لغنيك ولگوايز لثنيـــــــــــن   طلحة سعادو ماتشـــيان
واربيب الاحواش فســـبعين   كانوا منزل فيه الفركان
خيام وبنيات مـــــــــــع زين   حالتهم فامان وفطمـــنينان
من تصريف الحي المتـــين   مركوه من الليلو عمـان
لوكار اللي نعرف زينـــين   مافيهم شيء يگيل ينـهان
اوكاري ثولك ابعيد ابـــــكاو   اسهاب وافياظ وديبـــان

. قصيدة لحدب:
لحدب كامل عاد ديـــــارات   حفرة تيارت وعكـيدات
الغزلان ولوج الــــــوتات   والمجيحيدة مات منـزوك
فيها حيوان وتيـــــنرات   ولاهو فالمحجوب المقتوك
وشلخة هـــــــي وزركات   أمات اغريد ولاملــعوك
ذاك الوكر الى لغشـــيوات   مات فيه امن اهل مخـلوك
من عند السكن لكصيعات   للمنحر واد وسهب وطوك
ومن عريظ الى وغــرنات   لودي الطعمية ملــحوك
بالخط ولكتـــــــم واديات   أتيوس اللي من فم الفـــوك
لجبيل الگارة لجبـــيلات   البيظ ولكفح مامصبـيوك
شيءحي فذي الوكار وفات   من حد اسكن فيها مــبلوك
اخلعنا واليوم ابـــــــگات   ابلا حية فيها لعــــلوك
اجنابة لحجر ذيك أبگات   وأشكات أعلى لحدب ممروك
حاكم عنو ربو فاعـــظم   وكري من مذالو فلـــشوك
لهلو هانو والبـــاكي فم   منهم ممنوع عليه اتــوك

. قصيدة الساحل:
يا ربي ما نطلب ســـوك   وانت رب الكون الــوحيد
عظيم وكريم ومعـــطاك   تعطيه وتعطي بالمـــزيد
رد الكرة كيف اللــي فات   ليمسـلگن واميزيرات

185

وودي الطعمية لبعيد	وودي الشـــوك ولكصيعات
وعكد لغنم من فم الســـتيد	مني والخط وغـــــرنت
لحجرو ازركات ام غــــريد	ماس ابكات بلا اهل واخلات
الغرلان اخلاهم شـــديد	تيارت لكتم و عكـــــيدات
ما تسخى بيهم ليد لـــيد	واخلى منهم لوج الـــوتات
لحدب كان امبارك وعـكيد	عريظ وكطع الطلـــحيات
ولمجحيدة بل استـــيفريد	غفار اليوم وتـــنـــيارت
فتيشية وفكطع العـــيد	الحية واديار اخـــيامات
تنزلهم حية كيف تـــريد	والطارف والمدنة مــانات

- قصيدة باللي مزين كان ازراك:

لفكح وخليج الواد الــــشاك	ياللالي مزين كــــان ازراك
باطن تيشية وكليـــبات	لكفح وازركات أمـــــعلاك
يلمعكل لشهرة ويامـــات	الفولة وام الدكن مشـــتاك
اخلاكك وانسى ذاك الفات	فاتوا زينين ولا تظـــياك
شور العتابي وادويـرات	وستكبل سوحل لا تلبـــاك
لتواجبل اديار اخيامـــات	فعراكيب الطارف وانصـــاك
الحية فرياظ اعغــــبات	لهالي منزل فالـــتطراك
اشوف اخيامات وبنـــبات	والى حد على معلـــم تاك
بشرح ويوسع لخلا كـــات	من شيء يمسح شيء عن لخلاك
ما ت لاهي يرجع هيبهات	ذاك الدهر الماهو لـــعاك
فيه حلوات والمـــرات	دهر اللامة فيه لفـــراك
فيا خطواتي مكتـــوبات	من تصريف الحي الخـــلاك
رجعني لوكاري مـرات	يا ربي باللي فيه الخــــير
وانت مجيب الدعـــوات	يالله انت مول التدبيـــر

- قصيدة أمناهل الشط (حسيان الشاطي المحيط الاطلسي)

حسيان الساحل ما يخفاو	لمناهل فشط استحفاو
وغلاهم زمني ماه أجديد	اعليا فساحل يغلاو
لكراع الترتار ولمسيد	توف ولعوينات وسركاو
زرولت لكانو لماريد	حيمر ماه البجباجة واو
زيكت المنهم ماه أبعيد	أيجو هم ويجو لحسي أو

186

الحيتهم بلد الموعيد	كانو موردين ولا ثاو
وسرف والعرش الفريد	لكدا والمنحازة والغاو
خلوة مافيهم حد أيفيد	لكناطر وريدال ابكاو
فيهم والفركان امشايد	ماذا كان من ايبل وغنم
اعسر سياتي فيه وزيد	أهل العلم وبل الكرم
من حد أسكنهم دهر ابعيد	واليوم أكليل لبكى فم

ـ قصيدةالساحل لبيظ:

ونبقي لحمر ذاك الحذاه	الساحل لبيظ ما ننساه
أمشرك ذا كامل نبقيه	ولي من عند الشط يلاه
علي ما نختير الخاطيه	وكري نقسملو بسم الله
تل وساحل شرك وكبليه	وعليا مولانا غلاه
بشرط إعود من أهليه	يز هي كامل لمنادم جاه
والحديث اللي كايل فيه	وكري نبقيه بلا جحدان
مساوي دونيه ولكصيه	حب الوطن من ليمان

ـ قصيدة حلة تيرس:

من تيرس حلتها لجواد	اليوم أشحالت بالجواد
تذرورت والوكر البين	أيج وبطن الكلبة وحداد
يراعى فكلابو بلعين	تذرورت وأوسردْ عاد
ماني ناسيه ولاهو شين	وشحالت وكر امعاه أكداد
الجنة ووارك مسكين	درمان ولكلات واد
وللي من فم التيمزكين	لحريشة ذبلك وبو لوتاد
ونزيرتها تيمزكنين	أم ركيبة بل التفكاد
تثلة وتوماها لثنين	أنال انزران ولغراد
لحويذة ومغرش عن زين	مكط أشياتو كيف أمهاد
فيا ومكثرلي لحنين	ذاك الوكر البغيو ينزاد
منعوم وسكانو زينين	نعرف عنو فدهر الفات
كانو فيه للو سينين	وخلا من وحدين وحدات

ـ قصيدة أسريبة ولد احميدلي:

لديار اهلي فيه وبلي	ذا الوكر اللي ماهو مشعوب

187

وسريبة ول احميدلي	لجواد وكلاية شيروب
شي ثابت مافيه الخلاف	تيرس بل اديار لسلاف
ذا الوكر الفيه اتخيلي	التيرس من صغري عراف
والديار الهم عند التلي	ايام اهلي كَبلة لشواف
الهم تفكادي عجلي	من كَلابة خيرلله طاف
ذالوكر الفيه أتمثلي	مشي الدموعي من زين اوصاف
فالماضي واليوم امدلي	ذاك الخير الماكَط أكَصاف
مات ذاك الدهر أملي	للي لعراش أمكَيم تشطفاف
وفطلعة ماضي حجلي	حديث معاد أفذا الكَاف

. قصيدة لرويات :

البكي اللي ماهو مستور	يلعكل ابكي مانك معذور
بيك الفرحة مافيك أثقال	رافع راسك ماهو محدور
كيف الشام فخد الزفال	تسدار فلرويات أذرور
بيظ اغراد از فال أكَبال	علايو وغرادو تبرور
كَلابة تيرس بالدلال	وزرورة ومكافي وديور
عظم الربح فعيمان اطوال	عاكب سكنك اعلى زقرور
واليوم أجبيت اعليه اطلال	عن وكرك عادو لك سنين
كَلابة تيرس دمعك سال	وتحدولك واحد وثنين
فيها مات راجع محال	بيك اللي تعرف من شي زين

. قصيدة الدنيا محل الزوال :

كَط انزناهم وفلخظار	أبكيت أمنين الحكَت اديار
فيه الحيوان اكفال اكفال	ذاك الدهر الماهو مطيار
كيف الما كَط امنادم جال	الفركان ابلدهم غفار
من تصريف الحي الجلال	ولا كَط اسكن هاذو لوكار
من ذاك الكَط اسكنهم زال	مات فيهم رداد اخبار
وزمن من من حال الى حال	عظم وبذا شات لقدار
والدنيا محل الزوال	الحلاوة فيه ولمرار

188

الفهرس